CADERNO DE ATIVIDADES

5

Organizadora: Editora Moderna

Obra coletiva concebida, desenvolvida e produzida pela Editora Moderna.

Editora Executiva:
Mara Regina Garcia Gay

NOME: ....

....TURMA: ....

ESCOLA: ....

....

1ª edição

© Editora Moderna, 2019

Elaboração de originais:

Diana Maia de Lima
Mestre em Educação Matemática pela Pontifícia Universidade Católica de São Paulo. Licenciada em Matemática pela Fundação Santo André. Editora.

Renata Martins Fortes Gonçalves
Mestre em Educação Matemática pela Pontifícia Universidade Católica de São Paulo. Especialista em Gerenciamento de Projetos (MBA) pela Fundação Getulio Vargas de São Paulo. Bacharel em Matemática com ênfase em Informática pela Fundação Santo André. Editora.

Mara Regina Garcia Gay
Bacharel e licenciada em Matemática pela Pontifícia Universidade Católica de São Paulo. Professora em escolas públicas e particulares de São Paulo, por 17 anos. Editora.

Coordenação editorial: Mara Regina Garcia Gay
Edição de texto: Ofício do Texto Projetos Editoriais
Assistência editorial: Ofício do Texto Projetos Editoriais
Leitura técnica: Patrícia Felipe
Gerência de *design* e produção gráfica: Everson de Paula
Coordenação de produção: Patricia Costa
Suporte administrativo editorial: Maria de Lourdes Rodrigues
Coordenação de *design* e projetos visuais: Marta Cerqueira Leite
Projeto gráfico: Adriano Moreno Barbosa, Daniel Messias, Mariza de Souza Porto
Capa: Bruno Tonel
  Ilustração: Raul Aguiar
Coordenação de arte: Wilson Gazzoni Agostinho
Edição de arte: Teclas Editorial
Editoração eletrônica: Teclas Editorial
Coordenação de revisão: Elaine Cristina del Nero
Revisão: Ofício do Texto Projetos Editoriais
Coordenação de pesquisa iconográfica: Luciano Baneza Gabarron
Pesquisa iconográfica: Ofício do Texto Projetos Editoriais
Coordenação de *bureau*: Rubens M. Rodrigues
Tratamento de imagens: Fernando Bertolo, Joel Aparecido, Luiz Carlos Costa, Marina M. Buzzinaro
Pré-impressão: Alexandre Petreca, Everton L. de Oliveira, Marcio H. Kamoto, Vitória Sousa
Coordenação de produção industrial: Wendell Monteiro
Impressão e Acabamento: NB Impress
Lote 781.346
Cod 12117917

Dados Internacionais de Catalogação na Publicação (CIP)
(Câmara Brasileira do Livro, SP, Brasil)

Buriti plus : matemática : caderno de atividades / organizadora Editora Moderna ; obra coletiva concebida, desenvolvida e produzida pela Editora Moderna ; editora executiva Mara Regina Garcia Gay. – 1. ed. – São Paulo : Moderna, 2019.

Obra em 5 v. para alunos do 1º ao 5º ano.

1. Matemática (Ensino fundamental) I. Gay, Mara Regina Garcia.

19-24816   CDD-372.7

Índices para catálogo sistemático:
1. Matemática : Ensino fundamental 372.7

Maria Alice Ferreira — Bibliotecária — CRB-8/7964

ISBN 978-85-16-11791-7 (LA)
ISBN 978-85-16-11792-4 (LP)

Reprodução proibida. Art. 184 do Código Penal e Lei 9.610 de 19 de fevereiro de 1998.
Todos os direitos reservados
EDITORA MODERNA LTDA.
Rua Padre Adelino, 758 – Belenzinho
São Paulo – SP – Brasil – CEP 03303-904
Vendas e Atendimento: Tel. (0_ _11) 2602-5510
Fax (0_ _11) 2790-1501
www.moderna.com.br
2023
Impresso no Brasil

1 3 5 7 9 10 8 6 4 2

CARO(A) ALUNO(A)

Fizemos este *Caderno de Atividades* para reforçar e explorar ainda mais seus conhecimentos em Matemática.

Aqui você vai encontrar atividades variadas, distribuídas em oito unidades, da mesma forma que no seu livro.

No início de cada unidade, na seção **Lembretes**, há um resumo dos pontos principais, e no fim há a seção **Quebra-cuca**, para você se divertir enquanto aprende. Confira!

Os editores

Sumário

Unidade 1 Sistema de numeração decimal

Lembretes 05
Tema 1 • Números naturais 06
Tema 2 • Mais números 13
○ Compreender informações 16
◉ Quebra-cuca 16

Unidade 2 As quatro operações

Lembretes 17
Tema 1 • Adição e subtração 18
Tema 2 • Multiplicação e divisão 22
○ Compreender informações 27
◉ Quebra-cuca 27

Unidade 3 Geometria

Lembretes 28
Tema 1 • Ampliando conceitos 29
Tema 2 • Ângulos e polígonos 32
Tema 3 • Representações 37
○ Compreender informações 39
◉ Quebra-cuca 39

Unidade 4 Mais operações

Lembretes 40
Tema 1 • Expressões numéricas 41
Tema 2 • Problemas 42
Tema 3 • Múltiplos e divisores 46
Tema 4 • Igualdades 49
○ Compreender informações 51
◉ Quebra-cuca 51

Unidade 5 Frações

Lembretes 52
Tema 1 • Significado de frações 53
Tema 2 • Análise de frações 58
Tema 3 • Operações com frações
e porcentagem 60
○ Compreender informações 63
◉ Quebra-cuca 63

Unidade 6 Grandezas e medidas

Lembretes 64
Tema 1 • Medidas de comprimento 65
Tema 2 • Medidas de área 68
Tema 3 • Tempo e temperatura 72
Tema 4 • Massa, capacidade e volume 74
○ Compreender informações 77
◉ Quebra-cuca 77

Unidade 7 Números na forma decimal

Lembretes 78
Tema 1 • Números na forma decimal 79
Tema 2 • Análise de números na forma decimal .. 82
Tema 3 • Operações e porcentagem 84
○ Compreender informações 89
◉ Quebra-cuca 89

Unidade 8 Localização

Lembretes 90
Tema 1 • Localizando 91
Tema 2 • Trajetos 94
○ Compreender informações 95
◉ Quebra-cuca 96

Lembretes

UNIDADE 1 — Sistema de numeração decimal

Os números naturais

Os números que formam esta sequência são chamados de **números naturais**.
0, 1, 2, 3, 4, 5, 6, 7, 8, 9, 10, 11, 12, …

25 — 26 — 27

antecessor de 26 · sucessor de 26

Sistema de numeração decimal

Para contar no sistema de numeração decimal, formamos grupos de 10:

- 10 unidades = 1 dezena
- 10 dezenas = 1 centena
- 10 centenas = 1 unidade de milhar

Valor posicional

O valor que um algarismo tem em um número depende da posição que ele ocupa nesse número. Observe o algarismo 1 nos números 618 e 139:

618 ▶ o algarismo 1 vale 1 dezena ou 10 unidades
139 ▶ o algarismo 1 vale 1 centena ou 100 unidades

Ordens e classes

3ª classe ou classe dos milhões			2ª classe ou classe dos milhares			1ª classe ou classe das unidades simples		
9ª ordem	8ª ordem	7ª ordem	6ª ordem	5ª ordem	4ª ordem	3ª ordem	2ª ordem	1ª ordem
centenas de milhão	dezenas de milhão	unidades de milhão	centenas de milhar	dezenas de milhar	unidades de milhar	centenas	dezenas	unidades
	3	4	7	5	8	2	9	3

A ordem de grandeza do número 34 758 293 é das dezenas de milhão.

Comparações

Entre números de diferentes ordens de grandeza

15 021 398 > 9 632 101

ordem: dezenas de milhão · ordem: unidades de milhão

15 021 398 é **maior que** 9 632 101

Entre números de mesma ordem de grandeza

96 054 982 < 96 082 126
5 < 8
1º algarismo diferente (da esquerda para a direita)

96 054 982 é **menor que** 96 082 126

cinco 5

Sequência numérica

1 Ligue cada número do quadro central, em azul, ao seu antecessor, na coluna da esquerda, e ao seu sucessor, na coluna da direita.

Antecessor	Central	Sucessor
78 540	9 999	5 728
9 998	5 727	889 001
888 999	78 541	10 000
5 726	889 000	78 542

2 Complete as frases.

a) O sucessor de 1 853 000 é _____.

b) O antecessor de _____ é 981 503.

c) O sucessor do sucessor de 12 369 230 é _____.

d) O antecessor do antecessor de _____ é 5 611 599 998.

3 Analise a situação e responda às questões.

Enzo e Nicole inventaram um jogo. Cada jogador deve tirar 5 cartas numeradas de zero a nove e, em seguida, formar o maior número possível usando os algarismos das cartas. O jogador que formar o maior número é o vencedor.

a) Que número Enzo deve formar na situação mostrada acima? _____

b) E Nicole? _____

c) Quem vencerá a rodada? _____

Tema 1 | Números naturais

Representação dos números naturais

1 Complete as frases.

a) 10 dezenas de grãos de milho são _____ grãos de milho.

b) 5 dezenas de milhar de reais são _____ reais.

c) 40 centenas de pessoas são _____ pessoas.

d) 7 centenas de milhar de pessoas são _____ pessoas.

2 Leia o que Fábio disse e, depois, responda à questão.

Terminei o dia com R$ 7 254,00 em meu caixa. Hoje só recebi cédulas de R$ 100,00 e de R$ 10,00 e moedas de R$ 1,00.

Qual a quantidade de cada cédula e de moeda Fábio pode ter recebido?
_____
_____

3 Responda às questões.

a) Qual é o maior número com 4 algarismos diferentes? _____

b) Qual é o menor número com 4 algarismos diferentes? _____

c) Qual é o maior número de 4 algarismos? _____

d) Qual é o menor número de 4 algarismos? _____

4 Descubra a regra e complete com o número que falta em cada sequência.

a) 10, 20, 30, _____, 50

b) 125, 130, 135, _____, 145

c) 101, 111, 121, _____, 141

d) 5, 50, 500, _____, 50 000

e) 800, 700, 600, _____, 400

f) 280, 270, 260, _____, 240

Valor posicional

1 Complete com o valor de cada algarismo no número.

a) 125 983
- _____ unidades
- _____ dezenas
- _____ centenas
- _____ unidades de milhar
- _____ dezenas de milhar
- _____ centena de milhar

b) 731 259
- _____ unidades
- _____ dezenas
- _____ centenas
- _____ unidade de milhar
- _____ dezenas de milhar
- _____ centenas de milhar

2 Escreva quantas unidades vale o algarismo 6 em cada número.

a) 1 864 ▶ _____

b) 62 715 ▶ _____

c) 24 516 ▶ _____

d) 56 014 ▶ _____

e) 629 524 ▶ _____

f) 5 610 ▶ _____

3 Escreva um número de quatro algarismos em cada item a seguir de acordo com o que é pedido.

a) Um número em que o algarismo 4 tem valor de 400 unidades. _____

b) Um número em que o algarismo 8 tem valor de 8 000 unidades. _____

4 Leia as dicas e descubra o número da casa onde Ronaldo mora.

Dicas
- O número tem 3 algarismos.
- O algarismo das centenas é igual ao algarismo das unidades.
- O algarismo 5 vale 50 unidades.
- O número é menor que 218.

Ronaldo mora na casa de número _____.

Ordens e classes

Tema 1 | Números naturais

1 Leia o que a mulher está dizendo e complete as frases.

"Nesta campanha, conseguimos arrecadar cento e dois mil agasalhos, que serão doados durante o inverno!"

a) Usando somente algarismos, escrevemos o número cento e dois mil da seguinte maneira: _____.

b) Esse número tem _____ ordens.

c) O algarismo da _____ ordem é o 1, e o algarismo da 4ª ordem é o _____.

2 Escreva como se lê cada número.

a) 45 675 ▶ _____

b) 98 317 ▶ _____

c) 109 029 ▶ _____

3 Escreva **V** para verdadeiro e **F** para falso.

a) ☐ A ordem de grandeza de um número de 5 algarismos é das unidades de milhar.

b) ☐ A ordem de grandeza do número 100 000 é das centenas de milhar.

c) ☐ No número 87 910, os algarismos 8 e 7 pertencem à classe das unidades simples.

d) ☐ No número 650 423, os algarismos 6, 5 e 0 pertencem à classe dos milhares.

• Agora, reescreva as frases falsas corrigindo-as.

_____

_____

nove

Composição e decomposição

1 Decomponha os números abaixo:

a) 854 230 ▶ _____

b) 685 002 ▶ _____

c) 120 090 ▶ _____

2 Um caixa de mercado acabou o dia com as seguintes quantidades de cédulas e moedas em sua gaveta. Os números indicam a quantidade de cada tipo de cédula ou moeda.

12

60

8

a) Qual dos modos abaixo está correto para se chegar ao total de dinheiro desse caixa?

$12 \times 10 + 60 \times 10 + 8 \times 10$ ◯

$12 \times 100 + 60 \times 10 + 8 \times 1$ ◯

$120 + 600 + 80$ ◯

b) Qual é a quantia total, em reais, que há nesse caixa? _____

c) Se nessa gaveta houvesse mais 10 cédulas de 100 reais, qual seria o total?

_____

3 Relacione cada número à sua decomposição.

a)	12 050	◯	$5 \times 100 + 2 \times 10 + 1 \times 1000$
b)	1 250	◯	$5 \times 1000 + 2 \times 10000 + 1 \times 100000$
c)	12 500	◯	$5 \times 10 + 2 \times 100 + 1 \times 1000$
d)	125 000	◯	$12 \times 1000 + 5 \times 10$
e)	1 520	◯	$12 \times 1000 + 5 \times 100$

Ordenação e comparação

Tema 1 | Números naturais

1 Observe as seguintes desigualdades:

41 587 > 41 577   126 565 < 126 666   189 253 < 289 253   589 254 > 598 299

☐   ☐   ☐   ☐

a) Assinale a desigualdade errada.

b) Reescreva a desigualdade errada de modo que fique correta.
_____

c) Compare as respostas do item **b** com os colegas. As respostas são iguais?
_____
_____

2 No quadro a seguir há 8 números:

125 888	112 000	299 999	45 236
9 999	858 120	369 222	12 304

Números maiores que 299 999 ▶ vermelho
Números maiores que 59 999 e menores que 299 999 ▶ azul
Números menores que 59 999 ▶ verde

a) Pinte o quadro de acordo com a legenda acima:

b) Algum quadro ficou sem pintar? Por quê? _____
_____

3 Uma exposição de automóveis durou 4 semanas e a cada semana recebeu um número de visitantes.

a) Siga as dicas e preencha a tabela do número de visitantes por semana.

	Número de visitantes
1ª semana	
2ª semana	
3ª semana	
4ª semana	

Dicas
- Os números são: 55 259, 36 799, 25 985 e 36 755.
- Os números mais próximos são os referentes à 2ª e à 4ª semana.
- O número da 3ª semana tem o 9 como algarismo das unidades.
- Na 4ª semana houve menos visitantes do que na 2ª semana.

b) Escreva o número de visitantes em ordem crescente: _____
_____

onze **11**

Reta numérica

1 Em cada item, escreva os números na reta numérica:

a) 520 000, 490 000 e 525 000.

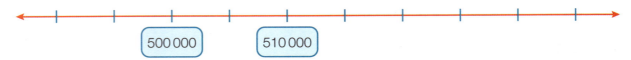

b) 8 200, 7 700 e 5 700.

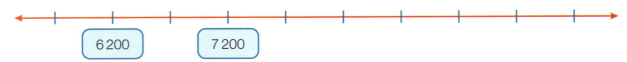

c) 125 000, 90 000 e 105 000.

2 Marque com **X** o valor de M representado na reta abaixo:

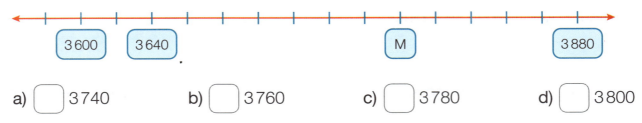

a) ☐ 3 740   b) ☐ 3 760   c) ☐ 3 780   d) ☐ 3 800

3 Na reta numérica abaixo, as letras A, B e C indicam o preço de três produtos diferentes.

Observando a reta numérica, leia as afirmações e escreva **V** para as verdadeiras e **F** para as falsas:

a) ☐ O produto B é o mais caro dos três.

b) ☐ O produto C é mais caro que o produto A.

c) ☐ Se o valor de A for R$ 250,00 e o de B for R$ 280,00, podemos dizer que o valor de C é de R$ 320,00.

Tema 2 | Mais números

O milhão

1 Marque com **X** os valores que correspondem a 1 milhão.

☐ 10 centenas de milhar. ☐ 100 unidades de milhar.

☐ 100 dezenas de milhar.

☐ 10 dezenas de milhar. ☐ 1 000 unidades de milhar.

2 Complete com o que falta para atingir 1 milhão.

a) 999 999 + _____ = 1 000 000

b) 680 000 + _____ = 1 000 000

c) 550 mil + _____ = 1 milhão

d) 3 mil + _____ = 1 milhão

3 Marcos vai abrir uma fábrica de ferramentas e precisa de R$ 1 000 000,00 para comprar as máquinas. Ele tem R$ 820 000,00 e pedirá um empréstimo do restante ao banco.

• Quantos reais Marcos precisará pedir emprestado ao banco?

Marcos precisará pedir um empréstimo de R$ _____ ao banco.

treze 13

Números com até nove algarismos

1 Marque com **X** o quadrinho correspondente ao resultado da adição abaixo.

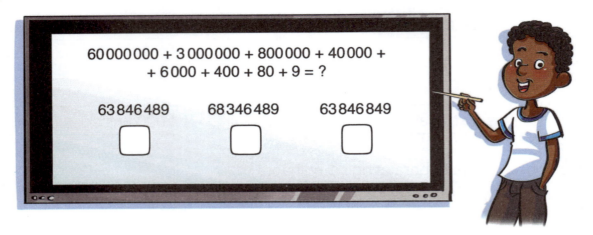

60 000 000 + 3 000 000 + 800 000 + 40 000 + + 6 000 + 400 + 80 + 9 = ?

63 846 489 ☐   68 346 489 ☐   63 846 849 ☐

- Agora, escreva como se lê esse resultado e complete.

a) _____
_____

b) A ordem de grandeza desse número é das _____

2 Decomponha os números, escrevendo o valor de cada algarismo.

a) 1 100 000 = __1 000 000__ + _____

b) 8 500 700 = _____ + _____ + _____

c) 3 000 230 = _____ + _____ + _____

d) 234 100 005 = _____ + _____ + _____ + _____ +

+ _____

e) 12 567 234 = _____ + _____ + _____ + _____ +

+ _____ + _____ + _____ + _____

3 Observe o número ao lado e responda às questões.   283 520 000

a) Qual é a ordem de grandeza desse número? _____

b) Como lemos esse número? _____

c) Quantas unidades vale o algarismo 3 nesse número? _____

d) E o algarismo 5? _____

Arredondamentos e comparações

1 Complete o quadro com os arredondamentos indicados.

Número	Arredondamento para a centena de milhar mais próxima	Arredondamento para a dezena de milhar mais próxima	Arredondamento para a unidade de milhar mais próxima
890 015			
325 798			
430 652			

2 Marque com **X** os números, de acordo com cada caso:

a) mais próximos de 10 mil do que de 50 mil

    9 821   20 999   48 369   35 887

b) mais próximos de 500 mil do que de 900 mil

    878 011   741 565   658 147   699 000

c) mais próximos de 100 mil do que de 50 mil

    75 800   78 541   69 874   98 231

3 Veja na tabela a quantidade de livros vendidos por um *site*:

Mês	Livros vendidos
janeiro	125 236
fevereiro	252 874
março	99 201
abril	52 004

Aproximadamente, quantos livros foram vendidos, ao todo, nesses 4 meses?

_____

_____

quinze 15

Compreender Informações

Em uma urna, estão os seguintes cartões numerados.

> 12   15   3   8   15   1

Considerando que um deles será sorteado ao acaso, responda:

a) Quais são os números que podem ser sorteados? _____

b) Qual é o resultado que há mais chance de acontecer no sorteio? Por quê? _____

_____

c) E qual é o menos provável? _____

_____

d) Quantas vezes deve-se fazer o sorteio (sempre com todos os cartões) para que saia, com certeza, o cartão 8? _____

Quebra-Cuca

Na mesa abaixo há 16 sobremesas. Marque 6 delas com **X** de modo que cada fileira horizontal e cada fileira vertical fique com um número par de sobremesas que não tenham sido marcadas.

Lembretes

UNIDADE 2 — As quatro operações

Algoritmos usuais

Adição

UM	C	D	U
	1	1	
3	4	5	7
+	1	9	5

Subtração

UM	C	D	U
2		6	
3̶	12	7̶	15
–	1	5	4	8

Multiplicação

D	U
2	3
× 1	3
	6	9
+ 2	3	0
2	9	9

Divisão

```
  C D U
  1 5 6 | 12
- 1 2   | 0 1 3
    3 6   C D U
  -  3 6
       0 0
```

Propriedades da adição

Comutativa

15 + 27 = 42   27 + 15 = 42

Trocar a ordem das parcelas não altera o valor da soma.

Associativa

(12 + 23) + 45 = = 35 + 45 = 80

12 + (23 + 45) = = 12 + 68 = 80

Associar as parcelas de diferentes modos não altera o valor da soma.

Elemento neutro

12 345 + 0 = 0 + 12 345 = 12 345

Adicionar zero a um número não altera o resultado. O zero é o elemento neutro da adição.

Propriedades da multiplicação

Comutativa

7 × 2 = 14   2 × 7 = 14

Mudar a ordem dos fatores não altera o produto.

Elemento neutro

1 × 8 = 8   8 × 1 = 8

Multiplicar um número por 1 não altera o número. Sempre que um dos elementos da multiplicação for o número 1, o resultado será o próprio número. O número 1 é o elemento neutro da multiplicação.

Associativa

(5 × 4) × 3 = 20 × 3 = 60

5 × (4 × 3) = 5 × 12 = 60

Associar os fatores de diferentes modos não altera o valor do produto.

dezessete 17

Adição

1 Calcule o resultado de cada adição.

a)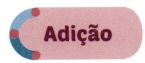

```
      3  2  5  7  4
  +   6  4  6  9  8
    ─────────────────
```

b)

```
      2  7  4  3  0  7
  +   5  3  5  7  8  4
    ──────────────────
```

2 Um espetáculo de música será realizado em um ginásio com capacidade para 6 000 pessoas. Até o momento, já foram vendidos 3 328 ingressos, mas ainda há 2 634 pessoas na fila, e cada uma comprará um ingresso. Haverá ingressos suficientes para todos? Justifique sua resposta.

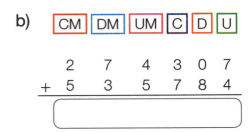

_____

_____

3 Todos os meses, Rita consegue economizar 200 reais do seu salário. Economizando essa quantia por mês, daqui a dois meses ela terá dinheiro suficiente para comprar a batedeira e o liquidificador que aparecem na figura ao lado?

_____

_____

_____

Subtração

1) Calcule o resultado de cada subtração.

a)
DM	UM	C	D	U
4	1	2	9	6
− 2	0	3	1	8

b)
DM	UM	C	D	U
4	3	3	6	9
− 2	5	7	2	2

2) Viviane participou de um concurso e ganhou 500 000 reais como prêmio. Comprou, então, uma casa por 175 350 reais e depositou o restante na poupança. Quantos reais ela guardou na poupança?

Viviane guardou _____ reais na poupança.

3) Observe a tabela a seguir. Ela indica a quantidade de ingressos vendidos em três apresentações feitas por uma banda de música.

Apresentação	Ingressos vendidos
1ª apresentação	4 680
2ª apresentação	5 672
3ª apresentação	9 595

Agora, responda:

a) Quantos ingressos foram vendidos a mais na 3ª apresentação, em relação à 1ª apresentação?

_____

b) Quantos ingressos foram vendidos a mais na 3ª apresentação, em relação à 2ª apresentação?

_____

Propriedades

1 Ligue cada adição à sua soma.

525 + 24	152	27 + 73
28 + 124	100	24 + 525
73 + 27	549	232 + 39
39 + 232	271	124 + 28

2 Complete as adições.

a) 1 578 + 3 215 = ☐

b) ☐ + 1 578 = 4 793

c) 721 + 3 489 = ☐

d) 3 489 + ☐ = 4 210

3 Calcule mentalmente o resultado de cada adição. Não se esqueça de associar as parcelas de maneira que facilite os cálculos. Depois, associando as parcelas de outra forma, confira o resultado com uma calculadora.

a) 36 + 46 + 14 = _____
b) 27 + 55 + 45 = _____
c) 18 + 42 + 25 = _____

4 Calcule o resultado de cada adição.

a) 26 + 0 + 157 + 0

b) 452 + 123 + 0

c) 94 + 15 + 0 + 12

d) 36 + 14 + 0

e) 0 + 207 + 53

f) 22 + 18 + 10 + 90 + 0

Tema 1 | Adição e subtração

Resolução de problemas

1 A final de um campeonato de futebol será realizada em um estádio com capacidade máxima para 45 102 pessoas. Já foram vendidos 34 979 ingressos para esse jogo. Quantos ingressos, aproximadamente, ainda podem ser vendidos?

_____

2 Faça estimativas e responda às questões.

a) Quanto Roberto gastará, aproximadamente, para comprar o *notebook* e a televisão?

_____

b) Se Ana comprar os três produtos da promoção, quanto ela gastará, aproximadamente? _____

c) Tatiana quer comprar dois produtos da promoção gastando o menor valor possível. Quais produtos ela deve comprar? Quanto, aproximadamente, Tatiana gastará?

_____

3 Complete a tabela referente ao número de habitantes de um município. Depois, responda às questões.

Idade	Homens	Mulheres	Total
Até 18 anos	1 724		3 560
Maiores de 18 anos		1 539	4 004
Total	4 189		

a) Há quantos homens a mais que mulheres nesse município? _____

b) Nesse município, quantas mulheres maiores de 18 anos há a menos que homens maiores de 18 anos? _____

vinte e um 21

Multiplicação

1 Calcule.

a)
```
  D U
  2 7
x 1 5
-----
```

b)
```
  D U
  4 3
x 2 5
-----
```

c)
```
  D U
  7 2
x 2 3
-----
```

2 Valéria e mais 14 pessoas vão ao teatro no sábado. Quantos reais o grupo gastará ao todo, se cada ingresso custa R$ 30,00?

O grupo gastará ao todo _____

3 Heitor e Bianca querem comprar o colchão mostrado ao lado.

Veja as estimativas que eles fizeram do preço total a ser pago pelo colchão.

Heitor: Como 12 é menor que 20, o preço total é menor que o resultado de 20 vezes R$ 24,00.

Bianca: Como 12 é maior que 10, o preço total é maior que o resultado de 10 vezes R$ 24,00.

a) Qual é o resultado da estimativa de Heitor? E o da estimativa de Bianca?
_____

b) Qual é o preço total do colchão? _____

Tema 2 | Multiplicação e divisão

Propriedades

1 Calcule o resultado das multiplicações. Depois, compare os resultados usando os símbolos > (maior que), < (menor que) ou = (igual a).

a) 25 × 4 = _____   ☐   4 × 25 = _____

b) (5 × 6) × 7 = _____   ☐   5 × (6 × 7) = _____

c) 1 × (10 × 60) = _____   ☐   60 × 10 = _____

d) 4 × 3 × 2 = _____   ☐   3 × (4 × 3) = _____

e) (12 × 5) × 0 = _____   ☐   12 × 5 = _____

2 No quarto de Renata há 3 estantes. Cada estante tem 4 prateleiras e, em cada prateleira, Renata colocou 8 livros. Quantos livros há, no total, nas estantes de Renata?

Há _____ livros nas estantes de Renata.

3 Marque com **X** a resposta certa.

Qual é a operação que melhor representa a fala do garoto?

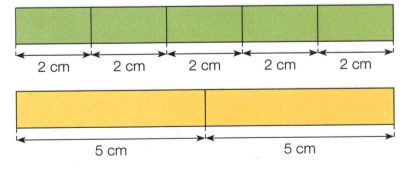

"O comprimento da tira verde é igual ao da tira amarela."

a) ☐ 5 × 2 = 2 × 5

b) ☐ 5 + 2 = 2 + 5

c) ☐ (5 × 2) × 5 = 5 × (2 × 5)

vinte e três **23**

Divisão

1 Calcule o quociente e o resto de cada divisão.

a) 6 5 | 5   b) 8 6 4 | 9   c) 1 1 5 | 7   d) 2 1 0 | 8

2 Em um parque de diversões, há duas cores de bilhete para acessar os brinquedos. O bilhete azul custa R$ 3,00 e o verde, R$ 5,00. Veja o gráfico abaixo, que mostra a quantia arrecadada com a venda de cada cor de bilhete desse parque.

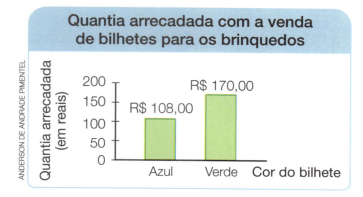

a) Quantos reais foram arrecadados no total? _____

b) Quantos ingressos de cada preço foram vendidos?

_____

3 Marcos combinou com o dono de um restaurante que trabalharia 5 noites como garçom e receberia, no total, 420 reais. No entanto, ele adoeceu e não pôde comparecer nas 2 últimas noites, tendo trabalhado somente 3 noites. Sabendo-se que o valor de cada noite de trabalho era o mesmo, quanto Marcos deve receber pelas 3 noites trabalhadas?

Marcos deve receber _____ reais pelas 3 noites trabalhadas.

Divisão com divisor de dois algarismos

Tema 2 | Multiplicação e divisão

1 Calcule o quociente e o resto de cada divisão.

a) C D U
   2 4 4 | 1 6

b) C D U
   3 5 2 | 3 2

c) UM C D U
   1 4 2 9 | 1 7

d) UM C D U
   2 7 5 4 | 2 8

2 Silvana foi viajar e pagou R$ 990,00 em 15 diárias de hotel, no total. Quanto custou cada diária, se o preço da diária foi sempre o mesmo?

Cada diária custou _____

3 Estime e marque com **X** a resposta certa.

João quer comprar o computador ao lado em 12 prestações iguais. O valor de cada prestação é um número:

a) ☐ entre 300 e 400.

b) ☐ entre 200 e 300.

c) ☐ entre 100 e 200.

d) ☐ menor que 100.

4 Natália fez alguns cálculos e verificou que 40 ÷ 8 = 5. Com base nesse resultado, calcule mentalmente o resultado de cada divisão.

a) 80 ÷ 8 = _____

b) 160 ÷ 8 = _____

c) 400 ÷ 8 = _____

d) 200 ÷ 8 = _____

vinte e cinco 25

Sequências numéricas

1 Complete cada sequência numérica de acordo com a regra indicada:

a) Adicionar 15 a cada número.

| 45 | 60 | 75 | | | | | | 180 |

b) Subtrair 100 de cada número.

| 1 200 | 1 100 | | | | | | | |

c) Adicionar 120 a cada número.

| 10 | 130 | | | | | | | |

d) Subtrair 3 de cada número.

| 100 | 97 | | | | | | | |

2 Uma sequência numérica começa no 60. Para encontrar o próximo número, devemos somar 10 e subtrair 2. Assinale a sequência correta:

a) ☐ 50 58 66 74 82 90

b) ☐ 60 68 76 84 92 100

c) ☐ 50 60 58 68 66 76

3 Agora é com você: começando com o número indicado a seguir, crie uma regra e complete sua sequência.

Regra: _____
_____

| 1 000 | | | | | | | | |

26 vinte e seis

Tema 2 | Multiplicação e divisão

Compreender Informações

Uma sorveteria vende uma bola de sorvete por R$ 3,00 e duas bolas por R$ 5,00. Observe o gráfico, que mostra as vendas de sorvete no fim de semana e responda às questões.

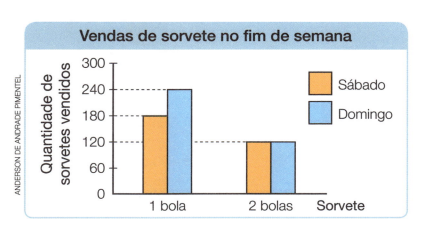

a) Quantos reais foram obtidos no fim de semana com a venda de sorvetes de duas bolas? _____

b) No total, quantos reais a sorveteria obteve na venda de sorvetes de uma e de duas bolas? _____

Quebra-Cuca

No quadro ao lado, os números das casas brancas correspondem ao produto dos fatores das casas azuis.

Complete as casas azuis e brancas com os fatores e produtos que faltam.

vinte e sete 27

Lembretes — Unidade 3 — Geometria

Poliedros e corpos redondos

Exemplos de **poliedros**.

Exemplos de **corpos redondos**.

Ângulos: reto, agudo ou obtuso

 O **ângulo reto** tem medida igual a 90 graus.

Um **ângulo agudo** tem medida menor que 90 graus.

Um **ângulo obtuso** tem medida maior que 90 graus e menor que 180 graus.

Triângulos

Triângulo retângulo
Um dos ângulos é reto.

Triângulo equilátero
Todos os lados têm medidas iguais.

Triângulo isósceles
Dois lados têm medidas iguais.

Triângulo escaleno
Todos os lados têm medidas diferentes.

Quadriláteros

Trapézio
Tem apenas um par de lados paralelos.

Paralelogramo
Tem dois pares de lados paralelos.

Classificação dos paralelogramos

Retângulo
Tem os 4 ângulos retos.

Losango
Tem os 4 lados com a mesma medida.

Quadrado
Tem os 4 ângulos retos e os 4 lados com a mesma medida.

Tema 1 | Ampliando conceitos

Poliedros e corpos redondos

1 Pinte as figuras geométricas que representam corpos redondos.

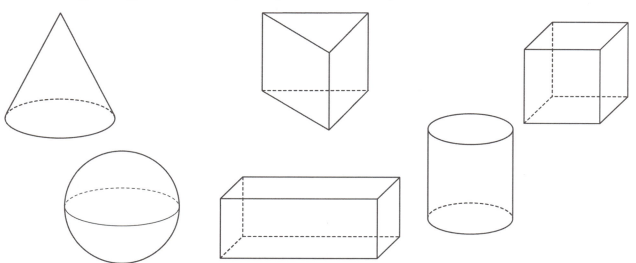

2 Marque com **X** os objetos que lembram poliedros.

3 Ana ganhou um jogo com peças que lembram formas de algumas figuras geométricas: cubo, paralelepípedo, pirâmide e cone.

No jogo há 9 cubos, 10 paralelepípedos, 8 pirâmides e 4 cones.

a) Quantas figuras do jogo de Ana, entre cubos, paralelepípedos, pirâmides e cones, não aparecem nesta cena?

_____
_____

b) Quantos corpos redondos e quantos poliedros do jogo não aparecem na cena ao lado?

_____
_____

vinte e nove **29**

Planificação de superfícies

1. Observe na tabela a seguir as figuras geométricas que serão representadas por modelos. Para cada figura, indique os recortes que devem ser utilizados para montar o modelo correspondente.

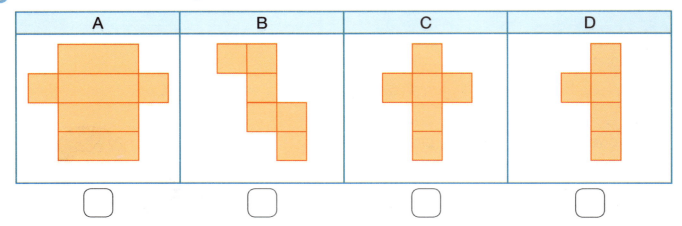

2. Quais dos moldes a seguir formarão uma caixa cúbica?

Para cada molde que você não marcou, explique por que eliminou a opção.

_____
_____
_____

Tema 1 | Ampliando conceitos

Mais poliedros

1 Observe as pirâmides e responda às questões.

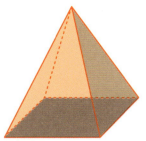 

a) Quais polígonos correspondem às faces dessas pirâmides?
_____

b) Quantos de cada um desses polígonos há ao todo?
_____

2 Leia as seguintes dicas sobre uma figura não plana:

- É um prisma.
- Tem 9 arestas.

Entre as figuras abaixo, assinale a única que tem essas duas características.

☐ ☐ ☐ ☐

3 Considere um prisma com 18 arestas. Indique o polígono da base desse prisma, o número de vértices e o número de faces. Depois, represente-o no espaço abaixo.

Polígono da base		
Número de vértices		
Número de faces		

trinta e um **31**

Medida de ângulo

1 Escreva a medida do ângulo indicado no transferidor.

a)

b)

_____   _____

- Qual dos ângulos acima tem medida maior que um quarto de volta? O ângulo de _____ graus.

2 Observe os ângulos destacados em vermelho nas figuras e responda às questões.

Figura A   Figura B   Figura C

a) Qual das figuras apresenta o ângulo de maior medida? _____

b) E o de menor medida? _____

3 Veja a medida de cada ângulo e responda às questões.

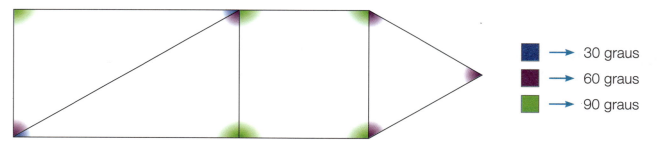

→ 30 graus
→ 60 graus
→ 90 graus

a) Qual é a medida do ângulo formado por um ângulo roxo e um ângulo azul?
_____

b) E a medida de um ângulo formado por um ângulo azul, um ângulo roxo e um ângulo verde? _____

Tema 2 | Ângulos e polígonos

Classificando ângulos

1. Ligue cada medida de ângulo à etiqueta que apresenta sua classificação.

   - 180 graus
   - 20 graus
   - 96 graus
   - 135 graus
   - 81 graus
   - 90 graus

   - reto
   - agudo
   - obtuso
   - raso

2. Desenhe um exemplo de ângulo para cada caso a seguir.

Ângulo obtuso	Ângulo agudo	Ângulo reto

3. Leia o texto a seguir, observe a ilustração e responda às questões.

   Mariana tem uma roleta cujo ponteiro gira no máximo uma volta por vez. A quantos ângulos retos corresponderá o giro do ponteiro a cada impulso:

   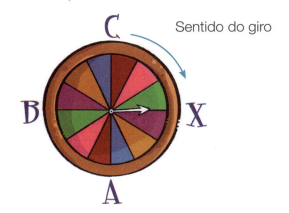
   Sentido do giro

   a) se ele girar da posição **X** para a posição **A**? _____

   b) se ele girar da posição **X** para a posição **B**? _____

   c) se ele girar da posição **X** para a posição **C**? _____

   d) se ele girar da posição **X** para a posição **X**, dando uma volta completa?
   _____

   trinta e três 33

Polígonos

1 Circule as figuras que são polígonos.

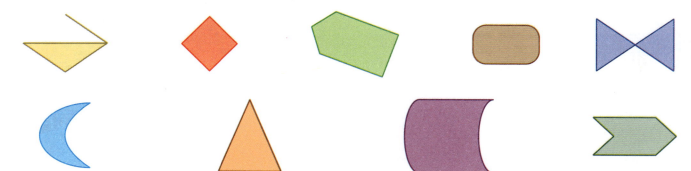

2 Ligue cada polígono ao seu número de vértices.

3 4 5 6

3 Com uma régua, desenhe os polígonos.

Polígono com 4 lados, 4 vértices e 4 ângulos.	Polígono com 5 lados, 5 vértices e 5 ângulos.

Agora, pinte os ângulos internos desses polígonos.

Tema 2 | Ângulos e polígonos

Triângulos

1 Na malha quadriculada, desenhe:

a) um triângulo retângulo isósceles.

b) um triângulo retângulo escaleno.

2 Escolha um ponto da parte verde da circunferência.

Com uma régua, ligue esse ponto ao ponto A e, depois, ao ponto B, formando um triângulo. Em seguida, com o auxílio de um canto reto de uma folha, responda à questão.

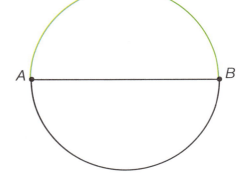

- O triângulo formado é um triângulo retângulo?

_____

3 Com a quantidade de palitos de mesmo tamanho indicada em cada caso a seguir, tente construir um triângulo. Depois, desenhe os triângulos que você conseguiu fazer.

a) 3 palitos

b) 4 palitos

c) 5 palitos

d) 6 palitos

trinta e cinco 35

Quadriláteros

1 Marque com **X** a resposta certa.

Qual é o quadrilátero com apenas um par de lados paralelos?

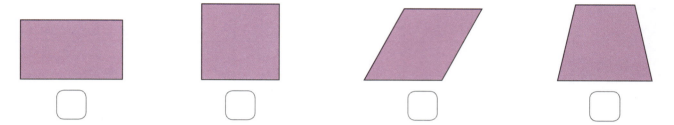

2 Pinte conforme a legenda.

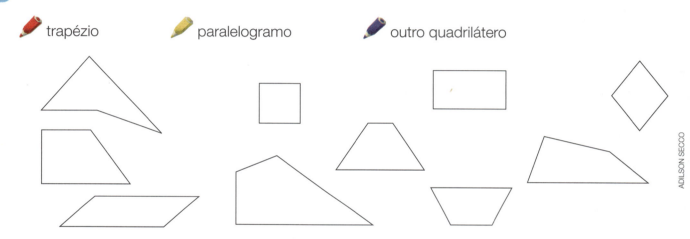

🖍 trapézio   🖍 paralelogramo   🖍 outro quadrilátero

3 Escreva **V** para verdadeiro e **F** para falso.

a) ☐ O trapézio é um paralelogramo.

b) ☐ O quadrado é um retângulo.

c) ☐ O retângulo é um paralelogramo.

d) ☐ O quadrado tem os 4 ângulos retos.

4 Observe os losangos abaixo e responda às questões.

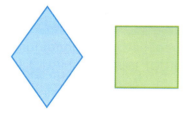

a) O que esses losangos têm em comum quanto aos lados?
_____

b) Qual é a diferença entre esses losangos?
_____
_____

Tema 3 | Representações

Desenhando polígonos

1 Ligue os pontos formando um quadrilátero e pinte seu interior. Depois, escreva o nome do quadrilátero formado.

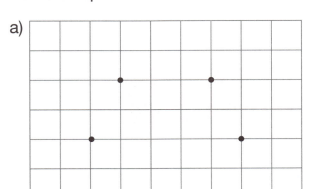

a) O quadrilátero formado é um _____.

b) O quadrilátero formado é um _____.

2 Desenhe na malha quadriculada a figura indicada em cada item.

a) 1 quadrado	b) 1 retângulo	c) 1 losango

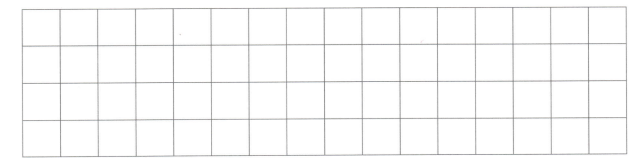

3 Quantos quadrados podemos contar em cada figura?

a)

b)

trinta e sete 37

Ampliação e redução de figuras

1 Desenhe o que se pede na malha quadriculada.

a) Amplie a figura triplicando a medida de cada um de seus lados.

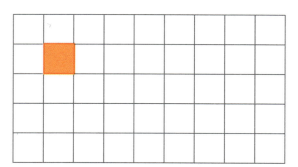

b) Reduza a figura diminuindo pela metade a medida de cada um de seus lados.

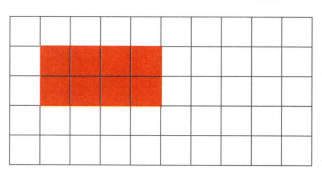

2 Caio ampliou a figura destacada abaixo aplicando o dobro da medida de cada um dos seus lados. Marque com **X** a ampliação que Caio obteve.

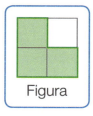

Figura

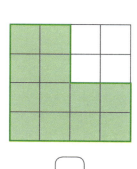

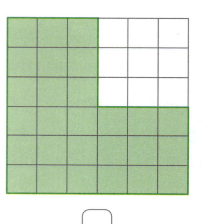

3 Reduza a figura de modo que a medida de cada uma das arestas passe a ser metade da medida anterior.

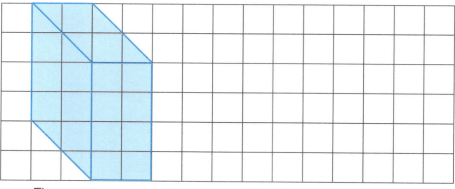

Figura   Figura reduzida

Tema 3 | Representações

Compreender Informações

Um professor apresentou videoaulas na internet e teve o seguinte número de seguidores ao longo dos dias:

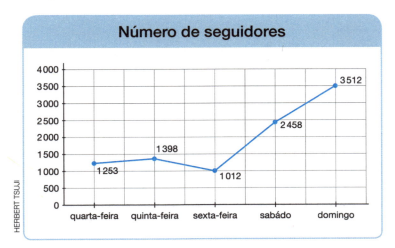

Qual é a diferença do número de seguidores entre o dia de maior público e o dia de menor público?

_____.

Quebra-Cuca

Nas figuras abaixo, há 3 casas (amarela, azul e verde) e elementos que simbolizam a água, a luz e o telefone. Conecte a água à casa verde, a luz à casa azul e o telefone à casa amarela, sem que as ligações se cruzem.

Água Luz Telefone

trinta e nove 39

Lembretes — UNIDADE 4 — Mais operações

Expressões numéricas

Expressões sem parênteses

- Resolver as multiplicações e as divisões na ordem em que aparecem.
- Resolver as adições e subtrações na ordem em que aparecem.

$$15 - 3 \times 2 + 20 \div 4 =$$
$$= 15 - 6 + 5 =$$
$$= 9 + 5 =$$
$$= 14$$

Expressões com parênteses

- Resolver as operações que estiverem entre parênteses, seguindo as regras das expressões sem parênteses.

$$(12 - 9) + (20 - 45 \div 3) =$$
$$= 3 + (20 - 15) =$$
$$= 3 + 5 =$$
$$= 8$$

Número primo e número composto

D(7): 1, 7
7 é um número **primo**.

Um número natural, diferente de 1, que tem apenas dois divisores, 1 e ele mesmo, é um **número primo**.

D(45): 1, 3, 5, 9, 15, 45
45 é um número **composto**.

Os números naturais, diferentes de 1, que não são primos, são chamados de **números compostos**.

Tema 1 | Expressões numéricas

Análise e resolução

1 Calcule o resultado das expressões numéricas.

a) $5 + 7 \times 2 =$

b) $(5 + 7) \times 2 =$

c) $18 \div 2 + 3 \times 6 =$

2 Faça o que se pede.

a) Calcule mentalmente o resultado da expressão numérica: $3 + 4 \times 5 =$ _____

b) Agora, em uma calculadora, digite a operação na ordem indicada abaixo e anote o número encontrado.

c) Os resultados obtidos nos itens **a** e **b** foram iguais? Por quê?

_____
_____
_____

3 Sabrina está colando ímãs com números e sinais em um painel metálico. Ela já formou algumas expressões numéricas, mas, para que elas se tornem verdadeiras, ainda faltam os sinais (+, −, ×, ÷).

Ajude Sabrina a completar o painel, sabendo que ela tem mais de um ímã de cada sinal.

10 ☐ 5 ☐ 2 = 48
10 ☐ 5 ☐ 2 = 4
10 ☐ 5 ☐ 2 = 13
10 ☐ 5 ☐ 2 = 25
10 ☐ 5 ☐ 2 = 100

4 Calcule o resultado das expressões numéricas.

a) $(23 + 12) \div 5 + (75 - 58) =$

b) $(28 - 2 \times 4) \div 4 + 15 =$

Problemas com mais de uma operação

1 Resolva o problema a seguir. Se achar conveniente, escreva uma expressão numérica para representá-lo.

Observe as figuras. Do interior do cubo azul será retirado um cubo igual ao amarelo. Quantos cubinhos restarão do cubo azul?

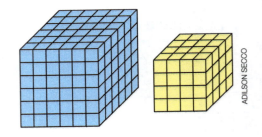

Restarão _____ cubinhos.

2 Um aparelho de celular está sendo vendido nas seguintes condições:

> A prazo: em 12 parcelas iguais de R$ 155,00 cada.
>
> ou
>
> À vista, com R$ 98,00 de desconto em relação ao preço a prazo.

Quem comprar o celular à vista, quanto pagará por ele?

Logo, quem comprá-lo à vista pagará _____.

3 Um comerciante tem 12 caixas de achocolatados para organizar e distribuir igualmente em 3 prateleiras. Como há 10 achocolatados por caixa, quantos achocolatados ficarão em cada prateleira?

Em cada prateleira ficarão _____.

Proporcionalidade

Tema 2 | Problemas

1. Uma sala de academia tem formato retangular, com 10 metros em um dos lados e 24 metros no outro. Desenhe no espaço a seguir a representação dessa sala, de maneira que cada 0,5 centímetro corresponda a 1 metro na realidade.

2. Veja as quantidades sugeridas de alguns alimentos para fazer um churrasco para 100 adultos. Com base nos dados existentes, calcule as quantidades necessárias para alimentar diferentes números de adultos e preencha a tabela.

	100 adultos	50 adultos	10 adultos	25 adultos	200 adultos
Queijo coalho	10 kg				
Arroz	5 kg				
Farofa	3 kg				
Linguiça calabresa	9 kg				
Picanha	10 kg				
Maminha	8 kg				
Sobrecoxa de frango	12 kg				

Repartir em partes iguais e em partes desiguais

1 O quadriculado abaixo representa as 60 caixas existentes em um depósito. Essas caixas contêm tecidos de cores variadas, distribuídas da seguinte maneira:

- Metade das caixas tem tecido azul.
- Um terço das caixas tem tecido roxo.
- O restante é de tecido branco.

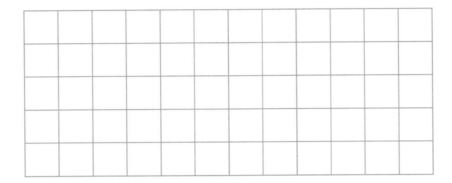

a) Pinte o quadriculado para representar a proporção de caixas de cada cor do tecido.

b) Observe com atenção a representação feita e assinale as afirmações corretas correspondentes às caixas com tecido branco.

- ☐ Metade das caixas com tecido azul.
- ☐ Metade das caixas com tecido roxo.
- ☐ Metade do total das caixas.
- ☐ Um terço do total das caixas.
- ☐ Um sexto do total das caixas.

2 Em uma escola de dança há 64 alunos distribuídos em 4 turmas. Há uma turma de sapateado e três turmas de dança de salão. Todas as turmas têm o mesmo número de alunos.

a) Quantos alunos fazem aula de sapateado? _____.

b) Quantos alunos fazem aula de dança de salão? _____.

c) Os alunos de dança de salão correspondem a qual fração do total de alunos?

- ☐ Um quarto.
- ☐ Um terço.
- ☐ Metade.
- ☐ Três quartos.

Tema 2 | Problemas

Possibilidades

1 Para fazer a capa de um trabalho escolar, os alunos poderiam usar apenas:
- cartolina, papel sulfite ou papel espelho.
- as cores vermelha, amarela ou azul.

a) Complete com as possibilidades de materiais e cores com que os alunos podem fazer a capa:

b) Quantas são as possibilidades de formas de apresentação, no total? _____

c) Represente-as por meio de uma multiplicação: _____

d) Se fossem 8 opções de cores, quantas possibilidades de formas de apresentação seriam? _____

2 Rejane e Sofia estão brincando de adivinhação. Rejane pensa em um número de 1 a 4 e em uma cor, que pode ser amarelo ou verde, para Sofia adivinhar.

a) Faça um quadro com todas as possibilidades de número e cor pensados por Rejane.

Número	Cor
1	

b) Quantas são as possibilidades de número juntamente com cor, pensadas por Rejane? _____.

c) Se acrescentarmos mais duas opções de números (5 e 6), quantas serão as possibilidades? _____.

quarenta e cinco 45

Múltiplos de um número natural

1. Complete as sequências, conforme o modelo.

   a) Múltiplos de 7 menores que 50 ▶ 7, 14, 21, 28, 35, 42, 49

   b) Múltiplos de 5 maiores que 18 e menores que 60 ▶ ____, ____, ____, ____, ____, ____, ____, ____

   c) Múltiplos de 6 maiores que 40 e menores que 65 ▶ ____, ____, ____, ____

2. Qual foi o número escrito por Flávio?

   "Escrevi um número maior que 20 e menor que 40. Ele é múltiplo de 9, mas não é múltiplo de 4."

   Flávio escreveu o número ____.

3. Vanessa vai guardar as 68 bolinhas numeradas de um jogo em 4 caixas de forma organizada.

   Observe como ela guardou as 9 primeiras bolinhas. Depois, responda às questões.

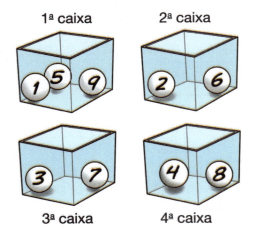

   a) Em qual caixa estão as bolinhas cujos números são múltiplos de 4? _____.

   b) Em qual caixa ficará a bolinha de número 61? _____.

Tema 3 | Múltiplos e divisores

Divisores

1) Raquel quer dividir 12 fotografias em pilhas de mesma quantidade e de modo que não sobrem fotografias fora delas. Complete a tabela com todas as possibilidades que ela tem para fazer essa divisão.

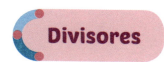

Distribuição das fotografias

Quantidade de pilhas	1	2				
Número de fotografias em cada pilha	12					

Os divisores de 12 são 1, _____ .

2) Em qual caixa deve ser colocada cada ficha?

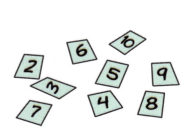
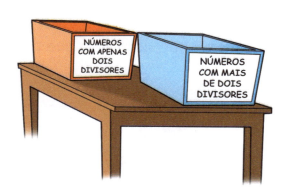

a) As fichas com os números _____ devem ser colocadas na caixa laranja.

b) As fichas com os números _____ devem ser colocadas na caixa azul.

3) Marque com **X** as alternativas certas.

Observando a quantidade de quadradinhos da figura abaixo, podemos afirmar que:

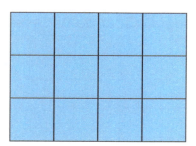

a) ☐ 4 e 3 são divisores de 12.

b) ☐ 12 é múltiplo de 3.

c) ☐ 15 é múltiplo de 4.

d) ☐ 12 é múltiplo de 4.

quarenta e sete

Números primos

1 Escreva os divisores de cada número e depois responda às questões.

2 _____   6 _____

3 _____   7 _____

4 _____   8 _____

5 _____   9 _____

a) Quais dos números acima são primos? _____.

b) Quais dos números acima são compostos? _____.

c) Escreva os números compostos como multiplicações de dois ou mais números primos.
_____
_____

2 Pinte os tijolos de acordo com o que diz cada personagem.

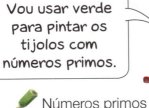

Vou usar verde para pintar os tijolos com números primos.

🖌 Números primos

🖌 Números compostos

14	37	18	42	
29	28	17	36	
35	16	40	100	
2	19	15	9	
21	6	20	31	24
5	30	13	14	8	11

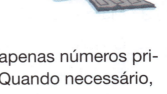

Vou usar amarelo para pintar os tijolos com números compostos.

3 Escreva uma multiplicação de dois ou mais números, utilizando apenas números primos, cujo resultado seja o número composto indicado a seguir. Quando necessário, repita números.

a) 6 = _____   d) 40 = _____

b) 16 = _____   e) 55 = _____

c) 36 = _____   f) 63 = _____

Tema 4 | Igualdades

Propriedades da igualdade

1 Observe os pratos das balanças.

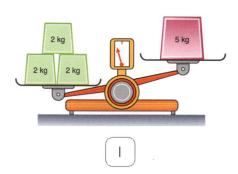

I

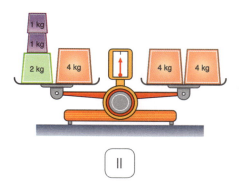

II

a) Para que a balança I fique em equilíbrio, podemos:

☐ acrescentar uma caixa de 1 kg no prato da direita.

☐ retirar uma caixa de 2 kg do prato da esquerda.

☐ acrescentar uma caixa de 2 kg em cada prato.

b) Na balança II, podemos afirmar que ela continuará em equilíbrio se:

☐ tirarmos 1 caixa de 1 kg do prato da esquerda.

☐ tirarmos 4 kg de cada prato.

☐ acrescentarmos 1 caixa de 3 kg em cada prato.

2 Os primos Rafael e Tiago realizam pequenos trabalhos e recebem uma certa quantia. Tiago recebeu 400 reais por semana, ao longo de 4 semanas. Rafael recebeu 200 reais por semana ao longo de 8 semanas.

a) Quantos reais cada um recebeu ao final do trabalho? _____.

b) Marque com **X** a sentença que relaciona o quanto Tiago e Rafael receberam:

☐ $400 \times 4 < 200 \times 8$ ☐ $400 \times 4 > 200 \times 8$ ☐ $400 \times 4 = 200 \times 8$

quarenta e nove

Valor desconhecido

1 Na balança a seguir, todas as caixas sem indicação têm a mesma massa.

- Qual é a massa desconhecida de cada caixa? _____.

2 Escreva, em cada quadrinho, o número que falta para que a igualdade fique correta.

a) ☐ + 9 = 54

b) 6 + 11 = ☐ + 5

c) 100 − ☐ = 93

d) 3 × ☐ = 36

e) 5 × 60 = ☐ × 6

3 Três amigos foram a um parque e gastaram juntos um total de R$ 165,00. Sabendo que a entrada de cada um custou R$ 40,00 e que cada um gastou a mesma quantia para se divertir, descubra quanto cada um gastou em brincadeiras.

Cada um gastou _____ em brincadeiras.

Tema 4 | Igualdades

Compreender Informações

Um programa de TV desafia os participantes com perguntas sobre vários assuntos. Veja no gráfico de setores os temas das perguntas do programa de hoje. Em seguida, preencha a tabela com a quantidade de perguntas (frequência) de cada tema.

Tema	Nº de perguntas (frequência)
Esportes	
Ciências	
Artes	
História	
Atualidades	
TV e Cinema	20

Quebra-Cuca

Leia o que dizem os três amigos.

Depois, escreva quantos quilogramas pesa cada um deles.

"Meu peso é um múltiplo de 7, maior que 30 e menor que 40."

Pedro

"Eu peso mais que Pedro. Meu peso é múltiplo de 11 e menor que 45."

Clarice

"Peso menos que Clarice e mais que Pedro. Meu peso é múltiplo de 8."

Davi

Pedro pesa _____ kg.   Clarice pesa _____ kg.   Davi pesa _____ kg.

cinquenta e um 51

Lembretes — Unidade 5 — Frações

Fração de uma quantidade

Quantos são $\frac{3}{4}$ de 200 pessoas?

| 50 | 50 | 50 | 50 |

$\frac{1}{4}$ de 200 = 200 ÷ 4 = 50

$\frac{3}{4}$ de 200 = 3 × 50 = 150

Então, $\frac{3}{4}$ de 200 pessoas são 150 pessoas.

Frações aparentes

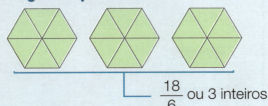

$\frac{18}{6}$ ou 3 inteiros

A fração $\frac{18}{6}$ representa o número natural 3, então ela é chamada de **fração aparente**.

Número misto

Parte inteira + Parte fracionária

$1 + \frac{2}{4}$

$1\frac{2}{4}$ ← Número misto

O número misto também pode ser representado por uma fração:

$1 + \frac{2}{4}$

$\frac{4}{4} + \frac{2}{4} = \frac{6}{4}$

Comparação de frações

Ao comparar duas ou mais frações com o **mesmo denominador**, a maior fração será aquela que tiver o maior numerador.

$\frac{7}{8} > \frac{3}{8}$

Ao comparar duas ou mais frações com **denominadores diferentes**, precisamos obter frações equivalentes com o mesmo denominador e depois comparar os numeradores.

$\frac{2}{3}$ e $\frac{3}{4}$ → $\frac{2}{3} = \frac{8}{12}$ (×4)

$\frac{3}{4} = \frac{9}{12}$ (×3)

Então, $\frac{2}{3} < \frac{3}{4}$ pois $\frac{8}{12} < \frac{9}{12}$.

Adição e subtração com frações

Denominadores diferentes

$\frac{1}{2} + \frac{1}{3} = \frac{3}{6} + \frac{2}{6} = \frac{5}{6}$

Multiplicações com frações

$5 \times \frac{1}{3} \blacktriangleright \frac{1}{3} + \frac{1}{3} + \frac{1}{3} + \frac{1}{3} + \frac{1}{3} = \frac{5}{3}$

$\frac{1}{2} \times \frac{2}{5} \blacktriangleright \frac{1 \times 2}{2 \times 5} = \frac{2}{10}$

Tema 1 | Significado de frações

Leitura de frações

1. Observe a toalha de mesa e complete.

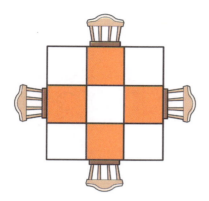

a) A toalha de mesa tem _____ partes iguais.

b) Há _____ partes laranja.

c) A fração que representa a parte laranja da toalha é ☐.

d) Nessa fração, o numerador é _____ e o denominador é _____.

2. Complete os quadros.

Fração	Como lemos
$\frac{1}{5}$	
	sete nonos

Fração	Como lemos
$\frac{2}{3}$	
	um doze avos

3. Observe a ilustração ao lado e responda às questões.

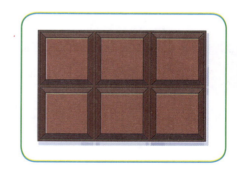

a) Em quantas partes iguais a barra de chocolate foi dividida? _____

b) Que fração representa cada uma dessas partes da barra de chocolate? ☐.

4. Leia o que Gérson está dizendo e em seguida responda.

O denominador da fração é o maior número com 1 algarismo e é igual ao triplo do numerador.

- Em que fração Gérson pensou? ☐

Fração de uma quantidade

1 Pinte a fração do total de bolinhas em cada caso e complete.

a) $\frac{1}{3}$ de 15 bolinhas são _____ bolinhas.

c) $\frac{2}{7}$ de 21 bolinhas são _____ bolinhas.

b) $\frac{1}{2}$ de 24 bolinhas são _____ bolinhas.

d) $\frac{3}{4}$ de 24 bolinhas são _____ bolinhas.

2 Uma cidade tem 12 000 eleitores. Na última eleição, os candidatos foram Zenon, Miguel e Sílvia. Zenon recebeu $\frac{1}{6}$ dos votos; Miguel, $\frac{1}{4}$ dos votos e Sílvia, $\frac{1}{2}$ dos votos. Os votos restantes foram brancos ou nulos. Observe o gráfico que apresenta o resultado dessa eleição e responda às questões.

a) Calcule a quantidade de votos que cada candidato recebeu.

b) Descubra o candidato correspondente a cada coluna.

c) Complete o gráfico com o nome de cada um e o número de votos que recebeu.

d) Calcule o número de votos brancos ou nulos e anote no gráfico.

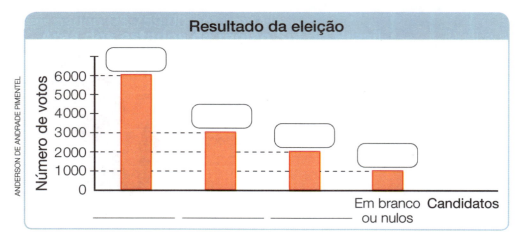

Tema 1 | Significado de frações

Fração que representa um número natural

1 Escreva o número natural que cada fração aparente representa.

a) $\dfrac{9}{9} =$ _____

b) $\dfrac{24}{8} =$ _____

c) $\dfrac{35}{7} =$ _____

d) $\dfrac{30}{5} =$ _____

e) $\dfrac{63}{7} =$ _____

f) $\dfrac{36}{2} =$ _____

g) $\dfrac{15}{3} =$ _____

h) $\dfrac{25}{5} =$ _____

i) $\dfrac{64}{8} =$ _____

2 Faça um desenho para mostrar que $\dfrac{5}{5} = \dfrac{10}{10}$.

3 Leia as informações e responda às questões.

Mariana vendeu $\dfrac{6}{6}$ de torta.

Diego vendeu $\dfrac{8}{4}$ de torta.

a) Quantas tortas Mariana vendeu? _____.

b) Quantas tortas Diego vendeu? _____.

4 Escreva uma fração aparente para representar cada número natural.

a) 2 =

b) 7 =

c) 12 =

d) 10 =

e) 4 =

f) 8 =

cinquenta e cinco

Fração como representação de quociente

1 Observe as figuras e complete.

a)

As partes em verde, juntas, correspondem a ☐ de um dos quadrados acima.

b)

As partes em azul, juntas, correspondem a ☐ de um dos retângulos acima.

2 Cátia vai comprar um par de botas que custa 126 reais em 3 prestações iguais. A fração que representa cada prestação é:

a) ☐ $\dfrac{3}{126}$

b) ☐ $\dfrac{126}{3}$

c) ☐ $\dfrac{1}{3}$

d) ☐ $\dfrac{3}{4}$

3 Nílson repartiu igualmente 5 folhas entre 4 pessoas, e não houve sobra. Complete as lacunas e descubra quantas folhas cada um recebeu.

a) Nílson dividiu cada folha em _____ pedaços iguais.

b) Cada pessoa recebeu _____ folha inteira, que correspondem a _____ pedaços, e mais _____ pedaço.

c) A folha inteira corresponde a $\dfrac{4}{4}$ da folha, e 1 dos pedaços corresponde a _____ da folha.

d) Cada pessoa recebeu $\dfrac{5}{4}$ de folha ou _____ de folha.

Tema 1 | Significado de frações

Número misto

1 Ana já escreveu $2\frac{3}{4}$ das páginas de um trabalho. Agora, faça o que se pede.

Páginas do trabalho de Ana

a) Pinte na figura ao lado a parte correspondente às páginas do trabalho que Ana já escreveu.

b) Represente os $2\frac{3}{4}$ das páginas escritas por uma fração simples. ☐

2 Ligue cada figura às frações que representam suas partes pintadas.

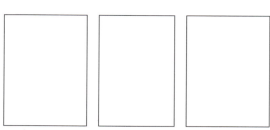

$1\frac{5}{8}$ $1\frac{6}{8}$ $\frac{13}{8}$ $1\frac{1}{2}$ $1\frac{3}{4}$ $1\frac{2}{4}$

3 Represente as quantidades usando um número misto.

a) Para a receita da torta, precisarei de **três xícaras e um quarto de xícara** de farinha, que é o mesmo que: ☐ xícaras.

b) Comprei **três quilogramas e meio de batatas**, que é o mesmo que: ☐ quilogramas.

c) Comprei **dois litros e meio de suco** de laranja, que é o mesmo que: ☐ litros.

d) O filme a que assisti ontem durou **uma hora e quarenta minutos**, que é o mesmo que: ☐ hora.

Lembre-se de que em 1 hora há 4 intervalos de 15 minutos, então 45 minutos é o mesmo que $\frac{3}{4}$ de hora.

Frações equivalentes

1 Pinte a figura em branco de modo que a parte pintada represente uma fração equivalente à fração representada na outra figura. Depois, escreva as frações equivalentes.

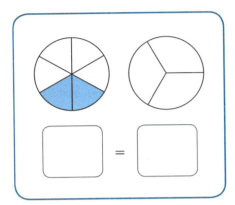 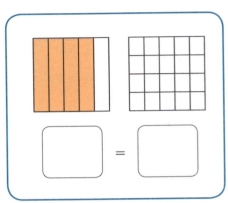 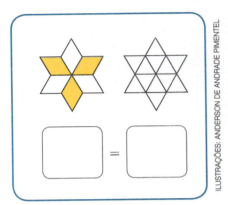

2 Pinte com as cores indicadas.

🖊 frações equivalentes a $\frac{1}{2}$ 🖊 frações equivalentes a $\frac{2}{3}$

$\frac{4}{6}$ $\frac{2}{4}$ $\frac{10}{15}$ $\frac{5}{10}$

3 Complete com frações equivalentes.

a) $\frac{6}{10} =$

b) $\frac{10}{45} =$

c) $\frac{1}{3} =$

d) $\frac{9}{21} =$

e) $\frac{6}{24} =$

f) $\frac{1}{4} =$

4 Escreva **V** para verdadeiro e **F** para falso.

☐ A fração $\frac{1}{3}$ é equivalente à fração $\frac{3}{1}$.

☐ A fração $\frac{7}{8}$ é equivalente à fração $\frac{14}{16}$.

☐ A fração $\frac{5}{5}$ equivale ao número natural 5.

☐ A fração $\frac{5}{5}$ equivale ao número natural 1.

Tema 2 | Análise de frações

Comparação de frações

1 Compare cada par de frações e complete os espaços com <, > ou =.

a) $\dfrac{8}{9}$ ◯ $\dfrac{7}{9}$

b) $\dfrac{12}{15}$ ◯ $\dfrac{13}{15}$

c) $\dfrac{3}{18}$ ◯ $\dfrac{1}{6}$

d) $\dfrac{2}{3}$ ◯ $\dfrac{3}{4}$

2 Leia o que as crianças estão dizendo e responda à questão. De uma embalagem com 10 balas:

Ana: Eu ganhei cinco décimos das balas.

Mário: Eu ganhei três décimos das balas.

Viviane: Eu fiquei com o restante das balas.

- Qual criança ganhou menos balas? _____

3 Quatro amigos foram a uma pizzaria e pediram duas *pizzas*. Cada *pizza* foi dividida em 8 pedaços iguais. Leia as dicas e responda às questões.

> **Dicas**
> - João comeu 3 pedaços de *pizza*.
> - Lucas comeu metade de uma *pizza*.
> - Júlia comeu $\dfrac{4}{8}$ de uma *pizza*.
> - Ana comeu 5 pedaços.

a) Escreva a fração de *pizza* que cada amigo comeu.

João: ☐   Lucas: ☐   Júlia: ☐   Ana: ☐

b) Quais amigos comeram quantidades iguais?

_____

cinquenta e nove

Adição e subtração

1 Calcule.

a) $\dfrac{3}{4} + \dfrac{11}{4} = \square$

b) $\dfrac{9}{12} + \dfrac{7}{12} = \square$

c) $\dfrac{13}{5} - \dfrac{6}{5} = \square$

d) $\dfrac{13}{18} - \dfrac{9}{18} = \square$

e) $\dfrac{10}{3} + \dfrac{15}{3} = \square$

f) $\dfrac{17}{6} - \dfrac{11}{6} = \square$

g) $\dfrac{2}{7} - \dfrac{1}{7} = \square$

h) $\dfrac{12}{5} + \dfrac{7}{5} = \square$

i) $\dfrac{8}{3} - \dfrac{4}{3} = \square$

2 Se, em um país, $\dfrac{1}{4}$ da população tem até 20 anos de idade e $\dfrac{2}{4}$ da população têm entre 20 e 50 anos, que fração da população desse país tem menos de 50 anos?

Nesse país $\square$ da população têm menos de 50 anos.

3 Leia os problemas e responda às questões.

a) Uma garrafa de água estava com $\dfrac{8}{10}$ de sua capacidade. Então, Márcia bebeu um copo de água com $\dfrac{1}{10}$ da capacidade total dessa garrafa. Com que fração de água a garrafa ficou? $\square$

b) Jair já leu $\dfrac{4}{6}$ de certo livro. A parte que falta ler representa mais ou menos da metade do livro?

_____

Multiplicação com fração

Tema 3 | Operações com frações e porcentagem

1 Calcule.

a) $5 \times \dfrac{1}{7} =$ ☐

b) $8 \times \dfrac{4}{3} =$ ☐

c) $\dfrac{3}{4} \times 11 =$ ☐

d) $10 \times \dfrac{1}{6} =$ ☐

e) $\dfrac{7}{6} \times 9 =$ ☐

f) $\dfrac{1}{2} \times \dfrac{7}{5} =$ ☐

g) $\dfrac{4}{5} \times \dfrac{6}{2} =$ ☐

h) $\dfrac{8}{5} \times \dfrac{2}{4} =$ ☐

i) $\dfrac{9}{3} \times \dfrac{2}{9} =$ ☐

j) $\dfrac{10}{3} \times \dfrac{5}{3} =$ ☐

k) $\dfrac{3}{10} \times \dfrac{9}{10} =$ ☐

l) $\dfrac{1}{8} \times 8 =$ ☐

2 No fundo da casa de Daniela há um terreno. Ela vai usar metade desse terreno para fazer uma horta. Em $\dfrac{2}{3}$ dessa horta ela cultivará alface. No restante da horta, Daniela cultivará tomates.

a) Que fração do terreno será usada para o cultivo de alface?

Para cultivar alface, serão usados ☐ do terreno.

b) Que fração do terreno ela vai usar para plantar tomates?

Para plantar tomates será usado ☐ do terreno.

c) Que fração do terreno não será usada para a horta de Daniela? ☐

JOSÉ LUÍS JUHAS

Porcentagem

1 Complete.

a) 5% de 40 reais = $\dfrac{}{100}$ de 40 reais = $\dfrac{}{20}$ de 40 reais = _____ reais.

b) 50% de 600 parafusos = ☐ de 600 parafusos = $\dfrac{}{2}$ de 600 parafusos =

= _____ parafusos.

2 Calcule o desconto em cada caso e responda, de acordo com as informações das etiquetas, quanto custará cada brinquedo.

a)
Carrinho de controle
200 reais
À vista, desconto de **8%**

b)
Boneca
130 reais
À vista, desconto de **10%**

O carrinho de controle custará _____.   A boneca custará _____.

- Qual brinquedo recebeu um desconto maior, em reais?
_____

3 Leia e calcule.

Os produtos abaixo estão com 20% de desconto à vista. Dê o valor do desconto de cada um e calcule o preço deles à vista.

a)
De R$ 2 000,00 por R$ _____.
Desconto de R$ _____.

b)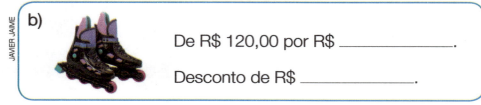
De R$ 120,00 por R$ _____.
Desconto de R$ _____.

Tema 3 | Representações

Compreender Informações

Uma loja de banhos para cães escolheu alguns de seus clientes para participarem de um sorteio. Veja o número de cães participantes por sexo e por porte (tamanho):

Cães machos	Cães fêmeas
8	12

Porte pequeno	Porte médio	Porte grande
2	10	8

a) Qual das afirmações está errada?

☐ 12 dos 20 cães são fêmeas.

☐ 2 dos 10 cães são de porte pequeno.

☐ 10 dos 20 cães são de porte médio.

b) Qual é a probabilidade de ser sorteado um cão macho? _____.

c) Qual é a probabilidade de ser sorteado um cão de porte médio? _____.

Quebra-Cuca

Descubra o caminho que cada animal deve fazer até a sua toca.

sessenta e três **63**

Lembretes — UNIDADE 6 — Grandezas e medidas

Unidades de medida de comprimento

Quilômetro, metro, centímetro e milímetro

1 km = 1 000 m
1 m = 100 cm
1 cm = 10 mm

Perímetro

O comprimento do contorno de uma figura é seu **perímetro**.

Unidades de medida de massa

Tonelada, quilograma e grama

1 t = 1 000 kg
1 kg = 1 000 g
$\frac{1}{2}$ kg = 1 000 g ÷ 2 = 500 g
$\frac{1}{4}$ kg = 1 000 g ÷ 4 = 250 g

Unidades de medida de capacidade

Litro e mililitro

1 ℓ = 1 000 mℓ
$\frac{1}{2}$ ℓ = 1 000 mℓ ÷ 2 = 500 mℓ
$\frac{1}{4}$ ℓ = 1 000 mℓ ÷ 4 = 250 mℓ

Medida de temperatura

A unidade utilizada para medir temperaturas é o **grau Celsius**, indicado por (**°C**).

O instrumento usado para medir a temperatura dos corpos é o **termômetro**.

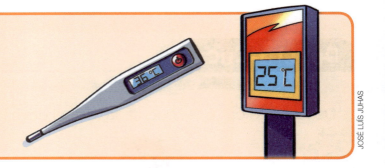

Área

Área é a medida de uma superfície.

↑ Unidade de área

Unidades de área

- 1 cm²: corresponde à área de um quadrado cujos lados medem 1 cm
- 1 m²: corresponde à área de um quadrado cujos lados medem 1 m
- 1 km²: corresponde à área de um quadrado cujos lados medem 1 km

Volume

Volume é a medida do espaço ocupado por algo.

 ← Unidade de volume

Tema 1 | Medidas de comprimento

Metro, centímetro e milímetro

1 Ligue os quadros que indicam a mesma medida.

76 cm   76 mm

7,6 cm   7 600 mm

760 cm   760 mm

2 Carla quer enfeitar a caixa que ela fez para guardar os brinquedos de sua filha. Para isso, ela comprou 3 fitas coloridas, que serão coladas em toda a volta da caixa, como é mostrado na ilustração ao lado.

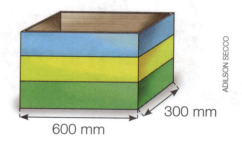
600 mm — 300 mm

a) De quantos centímetros de cada fita Carla precisará para enfeitar a caixa? = _____

b) Esse comprimento é maior ou menor que 1 metro? Em quantos centímetros?
_____

3 Uma fábrica usa folhas retangulares de 1 m e 20 cm de comprimento e 80 cm de largura para fazer embalagens para balas. As folhas são cortadas em quadradinhos iguais com lados de 8 cm. No máximo, quantas embalagens de balas é possível fazer com 1 folha?

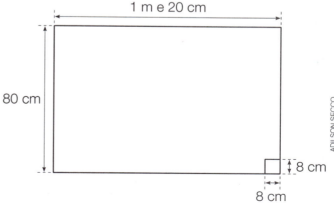

No máximo, é possível fazer _____ embalagens.

Quilômetro

1. Em uma viagem, Rogério viu algumas placas de trânsito que indicavam distâncias. Faça o que se pede.

   a) Escreva, em metro, as medidas indicadas na placa.

   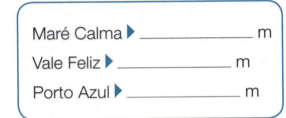

   Maré Calma ▶ _____ m

   Vale Feliz ▶ _____ m

   Porto Azul ▶ _____ m

   b) Escreva, em quilômetro, as medidas indicadas na placa.

   Retorno ▶ _____ km

   Litoral ▶ _____ km

2. Douglas caminha diariamente 350 m da sua casa até o ponto de ônibus. Ao descer do ônibus, ele anda mais 650 m até chegar ao seu local de trabalho. À noite, Douglas volta para casa pelo mesmo caminho. Quantos quilômetros ele anda por dia para ir ao trabalho e voltar para casa? _____.

   • Se Douglas trabalha 5 dias por semana, quantos quilômetros ele caminha em uma semana para trabalhar?

   Em uma semana, Douglas caminha _____.

Perímetro

Tema 1 | Medidas de comprimento

1. Determine o perímetro, em centímetro, de cada polígono.

a)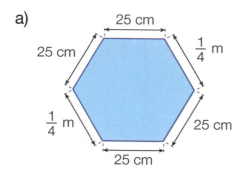

b)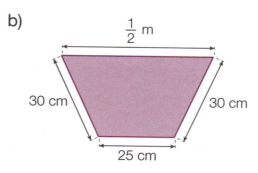

_____   _____

2. Gílson quer cercar seu terreno de formato retangular com 3 voltas de arame. Quanto ele gastará ao todo, se um rolo com 5 metros de arame custa R$ 2,00?

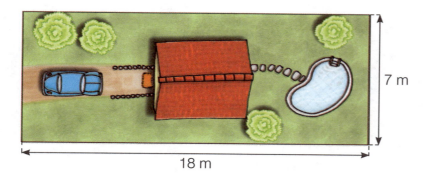

Gílson gastará _____ para cercar o terreno.

3. Milena tem uma folha de formato retangular cujas medidas são mostradas a seguir. Se ela cortar a folha ao meio como indica a figura, qual será a medida do contorno de cada metade da folha?

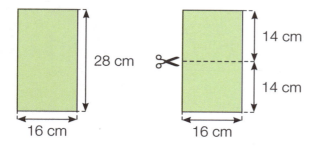

A medida do contorno de cada metade da folha será _____ cm.

Centímetro quadrado

1 Calcule a área de cada figura em centímetro quadrado.

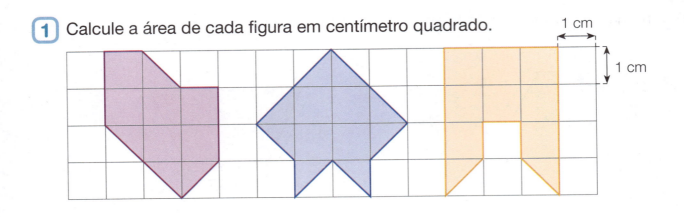

_____   _____   _____

2 Calcule quantos centímetros quadrados da figura abaixo cada cor cobre.

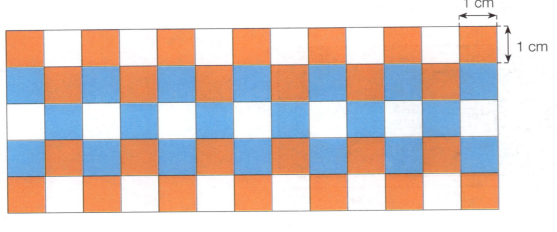

a) azul: _____   b) laranja: _____   c) branca: _____

3 Na malha abaixo, desenhe e pinte duas figuras diferentes que tenham área igual a 10 cm². Sugestão de resposta:

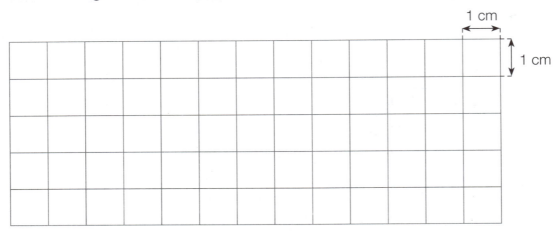

Tema 2 | Medidas de área

Metro quadrado

1 Antônio quer saber quantos pés de alface podem ser cultivados em seu terreno. Calcule.

Representação do terreno de Antônio

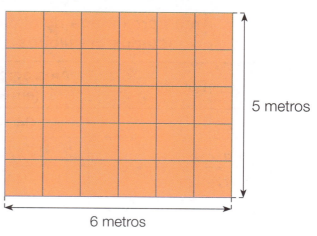

5 metros

6 metros

a) Quantos metros quadrados tem o terreno de Antônio? _____

b) Se em 1 metro quadrado é possível cultivar 16 pés de alface, quantos pés de alface podem ser cultivados no terreno de Antônio? _____

2 A casa de Joaquim foi construída num terreno de 325 m². Se a casa tem 240 m², quantos metros quadrados do terreno sobraram para Joaquim fazer o quintal? _____

3 Desenhe, na malha quadriculada, uma figura que represente a área indicada em cada quadro a seguir.

7 m²   24 m²   13 m²

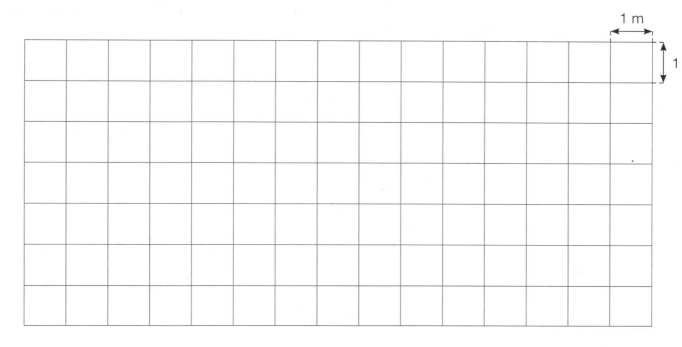

1 m

1 m

ILUSTRAÇÕES: ANDERSON DE ANDRADE PIMENTEL

sessenta e nove **69**

Quilômetro quadrado

1 Observe a tabela e faça o que se pede.

Área aproximada de alguns estados brasileiros

Estado	Área aproximada (em km²)
Goiás	340 110
Pará	1 247 955
Rio de Janeiro	43 782
Rio Grande do Norte	52 811
Sergipe	21 918

Dados obtidos em: IBGE. *Anuário estatístico do Brasil 2016*. Rio de Janeiro: IBGE, 2017.

Escreva o nome dos estados brasileiros apresentados na tabela ordenando-os do estado que tem menor área para o que tem maior área.

_____
_____
_____
_____
_____

2 José possui um terreno de 480 m². Ele usará $\frac{3}{4}$ desse terreno para plantar frutas. Da parte destinada à plantação, em $\frac{1}{3}$ ele plantará morango e em $\frac{2}{3}$ ele plantará abacaxi.

a) Qual será, em metro quadrado, a área do terreno que José usará para a plantação? _____

b) Qual será, em metro quadrado, a área da plantação em que José plantará morango? E qual será a área em que ele plantará abacaxi?

_____

3 Observe a tabela abaixo e responda à questão.

Área dos estados da região Sul do Brasil

Estado	Área aproximada (em km²)
Paraná	199 308
Santa Catarina	95 738
Rio Grande do Sul	281 738

Dados obtidos em: IBGE. *Anuário estatístico do Brasil, 2016*. Rio de Janeiro: IBGE, 2017.

Qual é a área aproximada da região Sul do Brasil?

_____

Tema 2 | Medidas de área

Área e perímetro

1 Observe os retângulos na malha quadriculada a seguir.

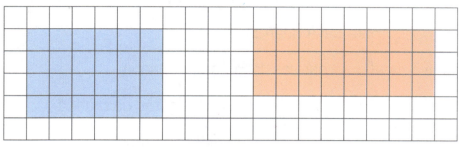

Retângulo I   Retângulo II

a) Preencha a tabela, considerando que o lado de cada quadradinho da malha tem 1 cm:

	Perímetro (em cm)	Área (em cm²)
Retângulo I	20	24
Retângulo II	22	24

b) É correto afirmar que:

☐ os dois retângulos têm perímetros iguais.

☐ os dois retângulos têm áreas iguais.

☐ os dois retângulos têm perímetros iguais, mas áreas diferentes.

☐ os dois retângulos têm áreas iguais, mas perímetros diferentes.

2 Desenhe na malha quadriculada dois retângulos diferentes com perímetro igual a 20 cm (considere que cada quadradinho tenha 1 cm de lado).

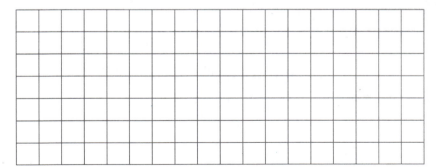

Qual é a área de cada retângulo? _____
_____.

Medidas de tempo: hora, meia hora e um quarto de hora

1) Às 8 horas da manhã, Mariana saiu de casa e voltou quando faltavam 15 minutos para as 11 horas da manhã. Assinale a alternativa correta, para cada caso:

a) Mariana voltou para casa quando:

☐ faltava meia hora para as 11 horas da manhã.

☐ faltava um quarto de hora para as 11 horas da manhã.

☐ faltavam duas horas para as 11 horas da manhã.

b) Mariana ficou fora de casa durante:

☐ 2 horas e $\frac{1}{4}$ de hora   ☐ 2 horas e meia   ☐ 2 horas e 45 minutos

2) Para se recuperar de uma lesão, Roberto faz sessões de fisioterapia uma vez por semana. Seu tratamento segue a rotina abaixo:

Sessão 1	Sessão 2	Sessão 3
Compressas de gelo	Alongamentos	Fortalecimento muscular
5 minutos	20 minutos	15 minutos

a) Considerando-se que entre uma sessão e outra há um intervalo de 5 minutos, se Roberto começar a sessão 1 às 9 horas, a que horas ele terminará todas as sessões? _____.

b) O tempo total das sessões com intervalos corresponde a quantos quartos de hora?
_____
_____
_____

3) Leia a primeira afirmação e complete as outras seguindo a mesma ideia.

- 3 horas mais $\frac{3}{4}$ de hora é o mesmo que 3 horas e 45 minutos.

- 5 horas mais $\frac{1}{4}$ de hora é o mesmo que _____.

- 6 horas mais $\frac{1}{2}$ hora é o mesmo que _____.

- 10 horas mais $\frac{3}{4}$ de hora é o mesmo que _____.

Medida de temperatura: grau Celsius

1 Leia e complete.

Antes de sair de casa, Camila sempre ouve no rádio a previsão do tempo.

HOJE A PREVISÃO É DE CHUVA DURANTE TODO O DIA. A TEMPERATURA MÍNIMA PREVISTA É 9 GRAUS CELSIUS E A TEMPERATURA MÁXIMA PREVISTA É 17 GRAUS CELSIUS.

E qual será a temperatura média prevista para hoje?

Para calcular a temperatura média, primeiro adicionamos as medidas das duas temperaturas.

9 °C + _____ °C = _____ °C

Depois, dividimos o resultado por 2.

_____ °C ÷ 2 = _____ °C

A temperatura média prevista para este dia é _____ °C.

2 Bruna mediu a temperatura do ambiente no quintal de sua casa, por sete dias seguidos, sempre ao meio-dia. Depois, ela representou no gráfico de linhas abaixo os valores encontrados. Responda às questões.

a) Entre quais dias a medida da temperatura permaneceu a mesma ao meio-dia?

_____

b) Qual a diferença das medidas de temperatura entre terça-feira e quinta-feira ao meio-dia? _____.

c) Entre quais dias seguidos da semana houve a maior queda na medida de temperatura ao meio-dia? De quantos graus Celsius foi essa queda?

_____

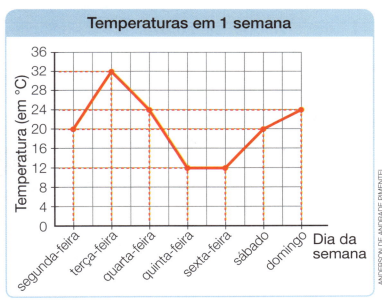

Temperaturas em 1 semana

Medidas de massa: tonelada, quilograma e grama

1 Complete.

500 kg = _____ t

20 000 g = _____ kg

2 t = _____ kg

6 kg = _____ g

$\frac{1}{4}$ t = _____ kg

500 g = _____ kg

2 Andreia foi ao mercado e comprou 200 g de salame, o triplo dessa quantidade de queijo e 800 g de peito de peru. Quantos gramas de frios ela comprou no total?

Andreia comprou _____ g de frios no total.

3 Marque com **X** a resposta certa.

Se cada caixa tem 400 kg, quantas caixas, no máximo, podem ser transportadas nesse elevador de carga?

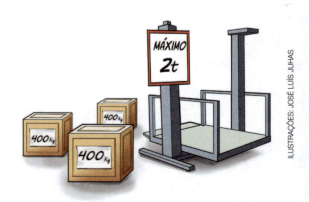

a) ☐ 2　　b) ☐ 3　　c) ☐ 4　　d) ☐ 5　　e) ☐ 6

4 Um caminhão transporta 1 tonelada de milho por viagem. Se o milho está em caixas com 5 kg, quantas caixas o caminhão transporta em cada viagem?

O caminhão transporta _____ caixas em cada viagem.

Medidas de capacidade: litro e mililitro

Tema 4 | Massa, capacidade e volume

[1] Complete.

a) $\frac{3}{4}$ ℓ é o mesmo que: _____ mℓ.

b) 4 000 mℓ é o mesmo que: _____ ℓ.

c) 0,5 ℓ é igual a: _____ mℓ.

d) 250 mℓ é igual a: _____ ℓ.

[2] Gabriel bebe 250 mℓ de leite pela manhã e 250 mℓ antes de dormir. A mãe de Gabriel comprou uma caixa com 12 litros de leite apenas para o consumo de Gabriel. Para quantos dias essa quantidade de leite será suficiente?

Essa quantidade de leite será suficiente para _____ dias.

[3] Complete de acordo com a ilustração.

a) Ao todo, há _____ ℓ de suco.

b) Há _____ mℓ de leite, no total.

c) Ao todo, há _____ ℓ de água.

d) Há _____ mℓ de iogurte, no total.

setenta e cinco 75

Ideia de volume

1 Fabiana tem alguns cubinhos de madeira, todos iguais.

Ela empilhou esses cubinhos como mostrado ao lado.

Qual é o volume do empilhamento feito por Fabiana, considerando o cubinho de madeira como unidade de medida? _____.

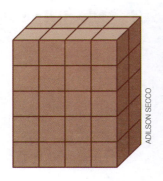

2 Leia e complete a tabela.

Um caminhão-pipa totalmente carregado transporta água suficiente para encher 20 caixas-d'água.

Número de caminhões-pipa e de caixas-d'água

Número de caminhões-pipa	Número de caixas-d'água
1	20
2	
10	
	400
	800

3 Um caminhão transporta caixas idênticas em forma de paralelepípedo. Observe as vistas do caminhão carregado e responda.

Vista de lado

Vista de cima

Vista de trás

a) Quantas caixas cabem ao todo no caminhão? _____.

b) Com quantas caixas o caminhão foi carregado? _____.

Compreender Informações

Após entrevistar 100 pessoas, Paula fez um gráfico para representar a preferência de passeio delas aos finais de semana. Cada pessoa escolheu apenas uma das 5 categorias de passeio.

Complete o gráfico com base nas seguintes informações:

- Praia e Museu recebeu o mesmo número de votos.
- Um décimo dos votos foi para Restaurante.
- Cinema recebeu metade dos votos.
- Parque recebeu 30 votos.

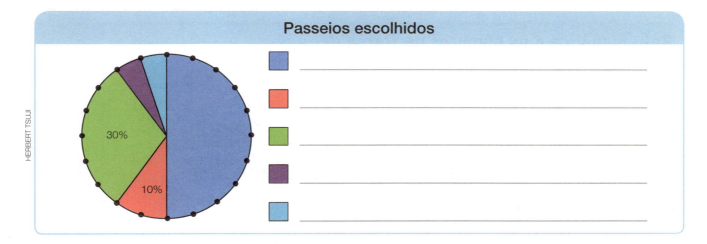

Quebra-Cuca

Marisa colou 27 cubinhos brancos e formou um cubo grande. Depois, ela pintou de amarelo todas as faces do cubo grande. Se ela desmontar o cubo e espalhar os 27 cubinhos, haverá quantos cubinhos com três faces pintadas? E com duas faces pintadas? E com uma face pintada? E com nenhuma face pintada?

Lembretes — Unidade 7: Números na forma decimal

Décimos, centésimos e milésimos

$\frac{1}{10}$ ▶ representação de **um décimo** na forma de fração

0,1 ▶ representação de **um décimo** na forma decimal

$\frac{1}{100}$ ▶ representação de **um centésimo** na forma de fração

0,01 ▶ representação de **um centésimo** na forma decimal

$\frac{1}{1000}$ ▶ representação de **um milésimo** na forma de fração

0,001 ▶ representação de **um milésimo** na forma decimal

Reta numérica e os números na forma decimal

A unidade, na posição entre 1 e 2 na reta numérica, foi dividida em 100 partes iguais.
Cada uma dessas partes representa um centésimo.
O número 1,5 é o mesmo que 1,50.
1,5 é maior que 1,43 e menor que 1,64.

Valor posicional

parte inteira | parte decimal
2 1 , 5 4 3

→ 3 milésimos
→ 4 centésimos
→ 5 décimos
→ 1 unidade
→ 2 dezenas

Lemos: vinte e um inteiros e quinhentos e quarenta e três milésimos.

Quociente decimal

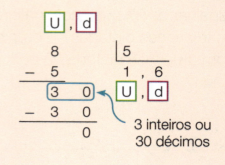

3 inteiros ou 30 décimos

Tema 1 | Números na forma decimal

Décimos, centésimos e milésimos

1. Marília fez uma torta de morango para a sobremesa. Na hora de servir, dividiu a torta em 10 pedaços iguais.

   a) A que fração da torta de morango corresponde cada parte em que ela foi dividida?

   _____

   _____

   b) Os filhos de Marília comeram alguns pedaços da torta de morango. Veja ao lado o que sobrou dela. Que fração da torta os filhos de Marília comeram, no total?

   _____

2. Responda de duas formas: com um número na forma de fração e com um número na forma decimal.

   Juliana precisou de 5 centímetros de fita para enfeitar a roupa de uma boneca. De que fração do metro de fita Juliana precisou?

   _____

3. Escreva na forma de fração e na forma decimal a massa total de feijão em quilograma mostrada em cada item.

   a)

   b)

   _____   _____

setenta e nove 79

Valor posicional

1. Escreva o valor de cada algarismo dos números a seguir.

a) 1 4 2 , 7 3

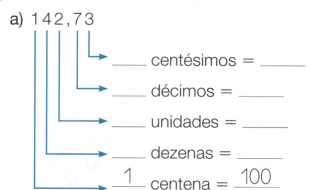

___ centésimos = ___
___ décimos = ___
___ unidades = ___
___ dezenas = ___
_1_ centena = _100_

b) 4 3 , 6 0 8

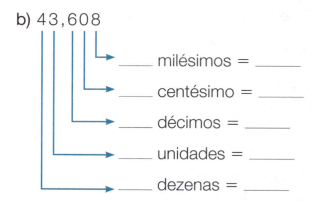

___ milésimos = ___
___ centésimo = ___
___ décimos = ___
___ unidades = ___
___ dezenas = ___

2. Escreva as quantias abaixo na forma decimal.

a)

_____

b)

_____

3. Com base nas dicas de Rebeca, tente descobrir o número, de cinco algarismos, que tem dois algarismos na parte inteira e três algarismos na parte decimal.

- 7 é o algarismo da ordem dos centésimos.
- 9 é o algarismo da ordem das unidades.
- 2 é o algarismo da ordem dos décimos.
- 4 é o algarismo da ordem das dezenas.
- 8 é o algarismo da ordem dos milésimos.

O número é _____.

4. Escreva o valor do algarismo 5 em cada número a seguir.

a) 16,895 ▶ _____

b) 295,461 ▶ _____

c) 17,956 ▶ _____

d) 38,58 ▶ _____

Tema 1 | Números na forma decimal

Leitura de números na forma decimal

1 Ligue um quadro da esquerda com o quadro correspondente à direita.

0,38		Setenta e seis milésimos
0,076		Dezenove inteiros e quatro centésimos
19,04		Trinta e oito centésimos

2 Escreva como lemos os números na forma decimal.

a) 5,625 ▶ _____

b) 48,32 ▶ _____

c) 911,4 ▶ _____

3 Escreva os números com algarismos.

a) Trinta e seis inteiros, nove décimos, três centésimos e um milésimo ▶ _____

b) Um inteiro e quatrocentos e noventa e seis milésimos ▶ _____

c) Oitenta e sete centésimos ▶ _____

4 Leia e complete.

Vítor pediu ao balconista da padaria 200 gramas de presunto, mas o balconista lhe entregou 250 gramas.

a) Vítor vai levar _____ gramas a mais de presunto.

b) Vítor pediu o equivalente a _____ milésimos de quilograma de presunto. Indicamos ▶ _____ kg.

c) Vítor levou o equivalente a _____ milésimos de quilograma de presunto a mais do que pediu. Indicamos ▶ _____ kg.

oitenta e um 81

Frações e números na forma decimal

1 Marque com **X** a representação na forma decimal de cada fração.

a) $\dfrac{28}{100}$ ▶   ☐ 0,28   ☐ 0,028   ☐ 2,8

b) $\dfrac{5}{1000}$ ▶   ☐ 0,5   ☐ 0,05   ☐ 0,005

c) $\dfrac{124}{10}$ ▶   ☐ 1,24   ☐ 12,4   ☐ 0,124

2 Escreva uma fração que corresponda a cada número na forma decimal a seguir.

a) 1,107 = ☐   c) 62,3 = ☐   e) 92,8 = ☐

b) 5,9 = ☐   d) 3,74 = ☐   f) 0,412 = ☐

3 Para cada fração a seguir escreva uma fração equivalente e o número na forma decimal correspondente, como no modelo.

a) $\dfrac{7}{5}$ = $\dfrac{14}{10}$ = 1,4

b) $\dfrac{51}{20}$ = ☐ = ☐

c) $\dfrac{9}{500}$ = ☐ = ☐

d) $\dfrac{83}{50}$ = ☐ = ☐

4 Observe as figuras e responda às questões.

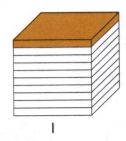
I

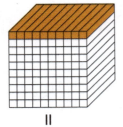
II

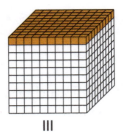
III

a) É correto dizer que, dos três, o cubo III é o que tem a maior parte pintada de amarelo?

_____

b) Represente na forma de fração e na forma decimal a parte pintada de amarelo em cada cubo.

_____

Comparação e ordenação de números na forma decimal

Tema 2 | Análise de números na forma decimal

1 Faça o que se pede.

a) Localize na reta numérica abaixo os números: 8,1; 8,45 e 8,9.

```
|--------|--------|--------|--------|--------|→
8,0      8,2      8,5      8,8      9
```

b) Quais números indicados na reta numérica estão entre 8,1 e 8,9?

_____

2 Observe as igualdades e escreva **V** para verdadeiro e **F** para falso.

☐ 2,3 = 2,30   ☐ 13,5 = 1,35

☐ 6,5 = 0,65   ☐ 4,9 = 4,900

☐ 4 = 4,00   ☐ 6,79 = 67,9

3 Observe os números e faça o que se pede.

| 3,45 | 3,56 | 3,7 | 3,02 | 3,1 | 3,69 | 3,08 |

a) Escreva esses números na ordem crescente.

_____ < _____ < _____ < _____ < _____ < _____ < _____

b) Quais desses números são menores que 3,1? _____

c) E quais são os números maiores que 3,5? _____

4 Ao passar por uma farmácia, Sílvia e Júnior decidiram se pesar.

Sílvia disse que a balança indicou 58,20 kg. Júnior falou que, na sua vez, a balança marcou 58,18 kg. Qual dos dois tem maior massa? Justifique.

_____

_____

oitenta e três

Adição e subtração com números na forma decimal

1 Calcule o resultado das adições e das subtrações.

a) 0,7 + 3,048

b) 36,9 − 3,05

c) 20 + 7,346

d) 194,56 − 73,14

2 Às 7 horas da manhã de domingo, os termômetros registravam 15,7 °C. Às 12 horas, a temperatura aumentou 7,8 °C e, às 22 horas, diminuiu 9,3 °C em relação à temperatura indicada às 12 horas. Complete com a temperatura em cada horário.

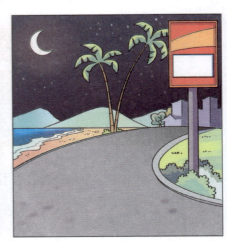

3 Para viajar de férias com a família, Valter abasteceu o carro com gasolina três vezes. Na primeira vez, ele pagou R$ 86,44; na segunda vez, pagou R$ 83,00; e, na última vez, pagou R$ 73,00.

a) Qual foi o valor total pago pelos três abastecimentos? _____

b) Valter tinha R$ 300,00 para gastar com combustível. Depois de abastecer o carro pela terceira vez, quantos reais sobraram? _____

Tema 3 | Operações e porcentagem

Multiplicação

1 Cada caixa do empilhamento ao lado tem 30,68 cm de altura. Qual é a altura desse empilhamento?

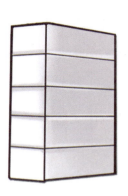

O empilhamento tem _____ cm de altura.

2 Marisa quer comprar 4 camisetas e 3 calças que estão à venda na promoção. Quantos reais ela gastará?

Marisa gastará _____.

3 Responda às questões calculando mentalmente.

a) Se um cartão de memória custa R$ 24,90, quanto custam 10 desses cartões de memória? _____

b) Uma folha de papel sulfite tamanho A4 custa R$ 0,03. Quanto custa um pacote com 100 dessas folhas?

_____

c) Carlos é vendedor de uma loja especializada em discos de vinil. A cada venda, ele ganha R$ 1,36 independentemente do preço do produto. Quanto Carlos ganhará se vender 1 000 discos? _____

d) Cada envelope de carta custa R$ 0,10. Quanto custam 1 000 desses envelopes? _____

oitenta e cinco

Quociente decimal

1) Calcule o quociente de cada divisão.

a) 6 8 | 5

b) 1 7 0 | 8

c) 5 4 6 | 4

2) Para enfeitar 6 almofadas, Augusta precisa de 795 centímetros de fita. Cada almofada utilizará a mesma quantidade de fita. Quantos centímetros Augusta usará em cada almofada?

Augusta usará em cada almofada _____ cm de fita.

3) Odair pagou R$ 759,00 por uma viagem de avião, divididos em 3 parcelas iguais.

a) Qual foi o valor de cada parcela?

_____

b) Se ele fosse pagar em 10 vezes, as parcelas seriam de R$ 91,20. Quanto ele pagaria a mais, no total?

_____

Tema 3 | Operações e porcentagem

Divisão com números na forma decimal

1 Calcule o resultado de cada divisão.

a) 4 5, 6 0 | 3 ___

b) 8 8, 4 0 | 4 ___

c) 1 2 3, 6 4 | 2 ___

2 Érica está concorrendo ao prêmio de uma promoção no mercado. Se ganhar, ela vai usar R$ 761,60 do prêmio para pagar algumas contas e o restante vai dividir igualmente entre seus 6 sobrinhos. Quantos reais cada sobrinho ganhará?

Cada sobrinho ganhará _____

3 A divisão de 151,60 por 5 tem como resultado aproximado:

a) ☐ 60   b) ☐ 50   c) ☐ 30   d) ☐ 40

oitenta e sete **87**

Porcentagem

1 Uma fábrica de chaveiros produz 1 000 chaveiros por dia. A produção é dividida da seguinte forma.

| Chaveiros verdes: **20%** | Chaveiros azuis: **50%** | Chaveiros vermelhos: **30%** |

Agora, responda às questões.

a) Quantos chaveiros verdes são produzidos por dia?
_____

b) E chaveiros azuis?
_____

c) E chaveiros vermelhos?
_____

2 Calcule.

a) 3% de 500

b) 8% de 400

c) 12% de 1 500

3 Escreva as porcentagens na forma de fração e na forma decimal, como no modelo.

a) 12% = $\boxed{\dfrac{12}{100}}$ = $\boxed{0,12}$

b) 25% = ☐ = ☐

c) 81% = ☐ = ☐

d) 2% = ☐ = ☐

e) 96% = ☐ = ☐

f) 100% = ☐ = ☐

88 oitenta e oito

Tema 3 | Operações e porcentagem

Compreender Informações

O gráfico a seguir mostra o número de participantes em um curso de inglês ao longo de 6 meses:

Com base nesses dados, assinale apenas as afirmações corretas:

a) Entre março e abril, houve um aumento no número de participantes.

b) O número de participantes foi o mesmo apenas em dois meses.

c) De janeiro a março houve aumento no número de participantes.

d) De abril até junho, houve queda no número de participantes.

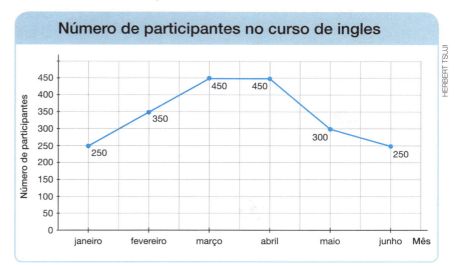

Número de participantes no curso de ingles

Quebra-Cuca

Amanda, Beatriz e Célia não têm as mesmas preferências de cor nem de alimentos.

Lendo as dicas abaixo, descubra o que cada uma gosta de comer (carne, frango ou macarrão) e a cor preferida (azul, verde ou vermelho). Use o quadro para registrar sua resposta.

Dicas
- Amanda não come macarrão.
- Beatriz gosta de verde.
- Célia come frango.
- A menina que gosta de carne prefere a cor azul.

	Amanda	Beatriz	Célia
Cor			
Alimento			

oitenta e nove 89

Lembretes

UNIDADE 8 — Localização

A localização de cada desenho na malha é:
- Carrinho: A6
- Patinho: B2
- Bola: D3
- Lápis: D2

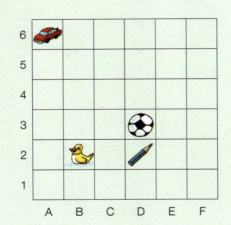

Coordenadas no plano cartesiano
- A posição dos pontos é indicada por pares ordenados.
- O primeiro número corresponde à posição de x (eixo horizontal) e o segundo número corresponde à posição de y (eixo vertical).
- Por exemplo, as coordenadas do ponto A são (4, 6) e do ponto B são (2, 5).

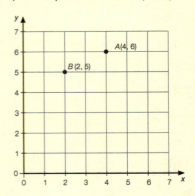

Localização em mapas de ruas
Em mapas, é comum se representar a localização combinando uma letra e um número.
Por exemplo:
- A Rua do Museu está na linha representada pelo número 2.
- A Rua Lindo Azul está na coluna representada pela letra D.
- B5 indica a localização da esquina da Rua Rosas Amarelas com a Rua Pedreira.

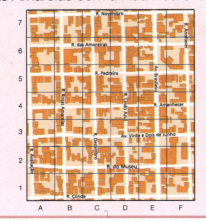

Trajetos
Um modo de indicar o trajeto de Mariana seria: B1, B2, B3, B4, C4, D4.

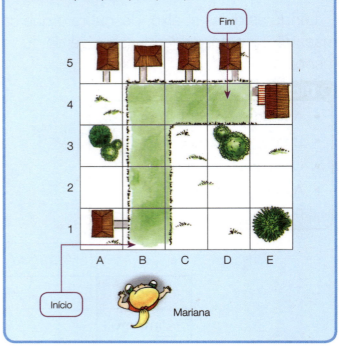

Tema 1 | Localizando

Localização com coordenadas

1. Um documento foi guardado na gaveta aberta do gaveteiro a seguir.

   Após fechar todas as gavetas, que informação podemos passar a outra pessoa para que ela saiba em qual gaveta está guardado o documento? _____

   _____

   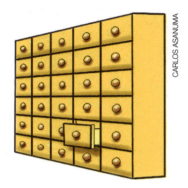

2. Em cada uma das malhas quadriculadas, pinte apenas os quadradinhos que estão com a localização indicada.

   a) M12; N13; O14; P15; Q14

   b) M14; N14; O11; O12; O13; O14

3. Em uma planilha eletrônica, está organizada a escala das 5 pessoas que vão trabalhar na recepção de um evento. Veja os nomes de quem estará na recepção de acordo com o dia e o período:

	A	B	C	D	E	F
1		Segunda-feira	Terça-feira	Quarta-feira	Quinta-feira	Sexta-feira
2	Manhã	Cláudio	Felipe	Regina	Ana	Cláudio
3	Tarde	Regina	Regina	Cláudio	Ana	Ana
4	Noite	Felipe	Bruno	Bruno	Felipe	Bruno

   De acordo com essa planilha, responda:

   a) Que coluna indica as pessoas que vão trabalhar na quarta-feira? _____

   b) Que linha indica as pessoas que ficarão no período da manhã? _____

   c) Que nome aparece em C2? Quais são as outras posições em que esse nome aparece? _____

noventa e um 91

Coordenadas no plano cartesiano

1. Observe o plano cartesiano seguinte e responda às questões.

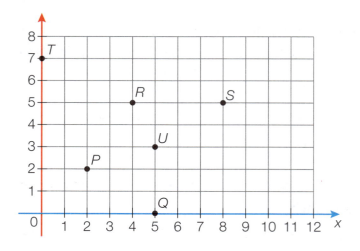

a) Que ponto pode ser indicado pelo par ordenado (0, 7)?

☐ Q   ☐ R   ☐ S   ☐ T

b) O ponto U pode ser indicado por qual ponto ordenado? _____

c) Que ponto pode ser indicado pelo par ordenado (4, 5)?

☐ Q   ☐ R   ☐ S   ☐ T

2. Represente no plano cartesiano os pontos:

A (1, 1)   B (1, 6)   C (6, 6)   D (6, 1)

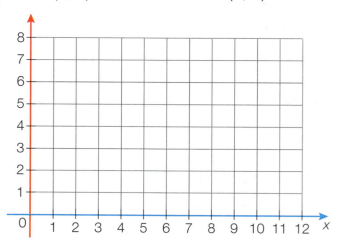

Se você ligar os pontos A, B, C, D e, depois, pintar o interior da figura, que tipo de quadrilátero formará? _____

Localização em mapas de ruas

Tema 1 | Localizando

1 Observe o mapa e complete:

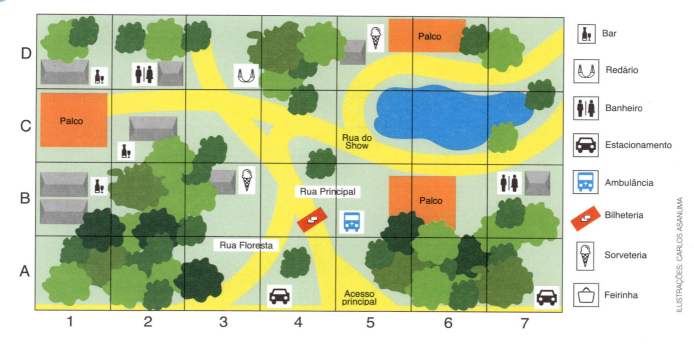

a) A bilheteria está localizada em _____.

b) A ambulância está localizada em _____.

c) Em A3 está localizada parte da Rua _____.

2 Considere o seguinte trajeto e responda às questões.

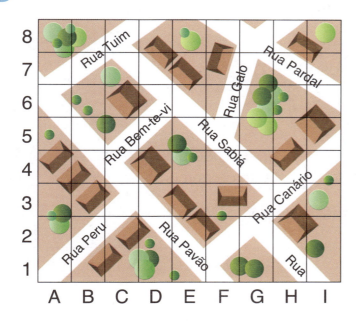

Luciana está na Rua Galo e caminhou em direção à Rua Sabiá. Depois, virou à direita, seguindo a Rua Sabiá. Parou assim que chegou à Rua Tuim.

Indique a localização na malha quadriculada do lugar em que Luciana:

a) terminou seu trajeto: _____

b) começou seu trajeto: _____

noventa e três

Caminho orientado

A seguir, temos a representação de um bairro. Cada linha representa uma rua do bairro e cada quadra é representada por um quadrinho.

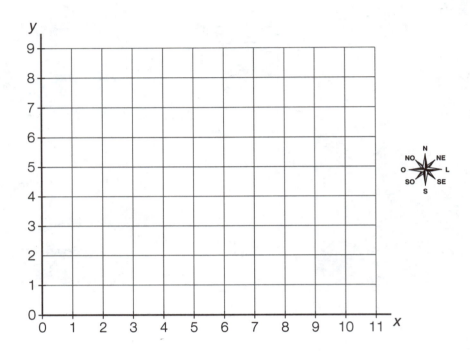

Suponha que sua casa fique próxima ao ponto de coordenadas (9, 4), identificando-o como ponto C. Desse ponto, você se desloca, no sentido norte, e caminha por 2 quadras. Então, dá um giro de 90° e caminha no sentido oeste por 1 quadra até o ponto X. Em seguida, gira 90° e caminha por 4 quadras no sentido sul até o ponto Y. Finalmente, dá um novo giro de 90° e caminha 7 quadras para o oeste até o ponto Z.

Responda:

a) Na malha, indique sua casa e os pontos X, Y e Z.

b) Quais são as coordenadas dos pontos X, Y e Z? _____

c) Trace o caminho percorrido por você.

d) A partir do ponto Z, você continuou seu trajeto passando pelos pontos W (1, 5) e K (5, 5). Identifique esses pontos e trace o restante do percurso.

e) Descreva um percurso possível de se fazer do ponto W até sua casa.

_____
_____
_____

Compreender Informações

Tema 2 | Trajetos

Os alunos do 6º ano realizaram uma pesquisa sobre a venda de dois produtos em uma pequena lanchonete, ao longo de meses.

Veja os dados coletados:

Venda (em unidades)	Fevereiro	Março	Abril	Maio	Junho	Julho	Agosto
Refrigerante (em lata)	300	315	300	220	210	250	350
Suco (em copo)	300	250	300	310	300	350	350

a) No gráfico a seguir estão indicadas as vendas de refrigerante. Trace, nesse mesmo espaço, o gráfico correspondente às vendas de suco.

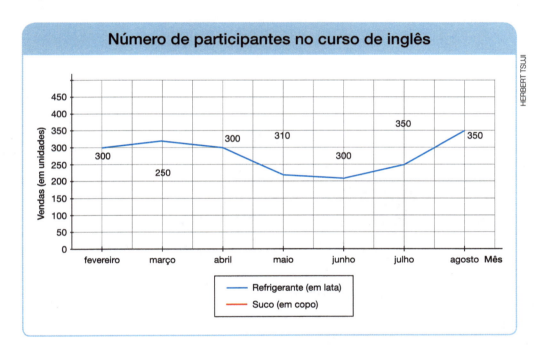

b) Em que meses foram os picos de vendas de refrigerante? E de suco?
_____

c) Entre que meses consecutivos a venda de refrigerantes teve a maior alta?
_____

d) Entre que meses consecutivos a venda de sucos teve a maior baixa?
_____

noventa e cinco 95

Quebra-Cuca

Assistindo à televisão

Luís, Cris, Diego, Lucas e Fernando estão assistindo à televisão em duas cadeiras e três poltronas. Da janela é possível ver que:

> **Dicas**
> - Luís e Cris estão sentados em um mesmo tipo de assento.
> - Cris e Lucas estão sentados em tipos diferentes de assento.
> - Lucas e Fernando estão sentados em tipos diferentes de assento.

_____, _____ e _____ estão sentados em poltronas,

e _____ e _____ estão sentados em cadeiras.

No parque de diversões

Seis amigos (Andreia, Douglas, Bruna, Eduardo, Cláudia e Fábio) foram ao parque de diversões em um domingo. Na fila da roda-gigante, estavam apenas os seis. Escreva a ordem correta da fila seguindo as dicas.

> **Dicas**
> - Eduardo era o primeiro da fila, e Cláudia era a última.
> - À frente de Douglas estava Fábio.
> - Bruna estava atrás de Douglas.
> - Atrás de Eduardo estava uma menina.